2015年度教育部全国高校出版社主题出版项目
2015年度四川省重点出版规划项目
2016年度四川省文化产业发展专项资金项目

中国古代文化线路——川盐古道
总主编：王子今 程龙刚

川鄂古盐道

赵逵 著

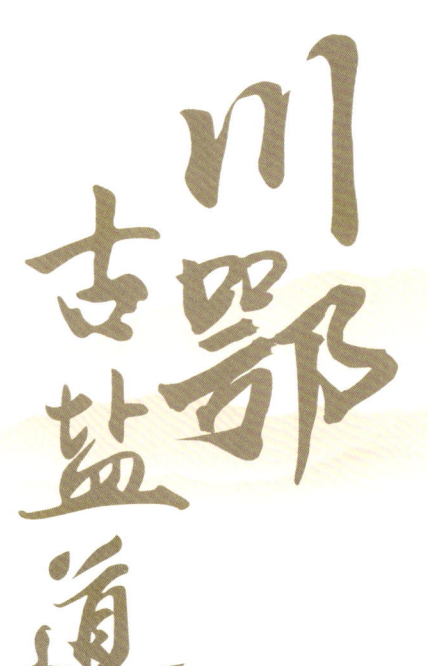

西南交通大学出版社
·成都·

图书在版编目（CIP）数据

川鄂古盐道 / 赵逵著. —成都：西南交通大学出版社，2019.5
（中国古代文化线路. 川盐古道）
ISBN 978-7-5643-5947-8

Ⅰ. ①川… Ⅱ. ①赵… Ⅲ. ①盐业史–四川②盐业史–湖北 Ⅳ. ①F426.82

中国版本图书馆 CIP 数据核字（2017）第 301821 号

中国古代文化线路——川盐古道
Chuan-E Gu Yandao
川鄂古盐道
赵逵 著

出 版 人	阳 晓
责 任 编 辑	杨岳峰
封 面 设 计	四川应该文化传播有限公司
出 版 发 行	西南交通大学出版社 （四川省成都市金牛区二环路北一段 111 号 西南交通大学创新大厦 21 楼）
发行部电话	028-87600564　028-87600533
邮 政 编 码	610031
网　　　址	http://www.xnjdcbs.com
印　　　刷	成都市金雅迪彩色印刷有限公司
成 品 尺 寸	170 mm × 240 mm
印　　　张	10
字　　　数	123 千
版　　　次	2019 年 5 月第 1 版
印　　　次	2019 年 5 月第 1 次
书　　　号	ISBN 978-7-5643-5947-8
定　　　价	42.00 元

图书如有印装质量问题　本社负责退换
版权所有　盗版必究　举报电话：028-87600562

"中国古代文化线路——川盐古道"丛书编委会

总 主 编：王子今 程龙刚

委　　员：（按姓氏笔画为序）

　　　　　王子今　邓　军　刘　乐　李　敏

　　　　　宋青山　杨雪松　周　劲　周瑜昆

　　　　　周翠微　赵小平　赵　逵　黄　健

　　　　　程龙刚　魏登云

序一
王子今①

明人何宇度《益部谈资》卷下写道："'蜀道难'自古记之。梁简文帝诗云：'巫山七百里，巴水千回曲。'为川东舟行峡中作也。李白诗云'不与秦塞通云烟'，为川北栈道作也。大都蜀道无不难如上青天者，峡固险矣，而陵亦匪夷。如夷陵至巴东之陆程，则视栈道何异？是其难又在楚不在蜀耳。"②这里虽然没有直接说到川滇、川黔通道，但是可知古人其实已经注意到蜀地通往各个方向的道路都必须克服山岭阻隔，即所谓"大都蜀道无不难如上青天者"。有理解"蜀道"就是"蜀中的道路"者，有的辞书也作这样的解说。③这样的认识不符合人们通常所理解的"蜀道"语义。④不过，言"蜀中的道路"各有其"难"，则是确定的事实。不同的道路走向，或言"固险"，或言"匪夷"，人们克服艰难开辟这些交通线，用以从事品类繁多的物资运输。其中"盐"，是最基本的生活必需品，是人类保障生存最重要的条件之一。盐运于是成为对于国计民生具有特殊意义的交通行为。"川盐古道"的重要与艰险，历来为人们瞩目。

盐产与盐运的开发与控制，与文明进程有密切的关系。《世本·作》记述了"宿沙作煮盐"的传说。⑤《说文·盐部》写道："盐，卤也。天生曰卤，人生曰盐。""古

---

① 王子今：中国人民大学国学院教授，中国秦汉史研究会顾问。
② 文渊阁《四库全书》本。
③ 汉语大词典编辑委员会、汉语大词典编纂处编纂：《汉语大词典》，汉语大词典出版社1991年12月版，第8卷第1036页。
④ "蜀道"是在特定交通史阶段形成的具有较明确指向的交通线路，即穿越秦岭巴山的川陕道路。在秦以后形成的高度集权的统一王朝管理天下的政治格局中，国家行政中枢联系蜀地的交通道路即所谓"蜀道"，定义是明确的。特别是李白名诗《蜀道难》问世之后，"蜀道"即交通"秦塞"的川陕道路的名义益为明朗。
⑤ 《太平御览》卷八六五引《世本》："宿沙作煮盐。"注："宋衷曰：宿沙卫，齐灵公臣。齐滨海，故卫为渔盐之利。"中华书局用上海涵芬楼影印宋本1960年2月复制重印本，第3840页。《世本》雷学淇校辑本"渔盐"作"鱼盐"，谓"三皇时制作"。〔汉〕宋衷注，〔清〕秦嘉谟等辑：《世本八种》，中华书局2008年8月版，《世本》雷学淇校辑本第76页。

者凤沙初作鬻海盐。"①盐业，是文明初期较早发挥重要作用的产业。四川地方盐产资源的优越，使得借助盐运实现与其他地方的经济交流与文化交流，成为重要的历史文化条件。文明的发生与文明的发育，离不开"盐"的作用。而"川盐"内涵凝重、滋味深厚的历史表现，透露出延续千百年的深层探索的精神、世代创新的意识和宽怀阔放的胸襟。

自贡市盐业历史博物馆学术基础雄厚、学术交往活跃、学术研究积极，以其卓越的学术实力，曾经推出数量丰富的成果，质量均为上乘。由自贡市盐业历史博物馆组织创作、西南交通大学出版社出版的教育部全国高校出版社主题出版项目"中国古代文化线路——川盐古道"丛书，包括《自贡古盐道》《川滇古盐道》《川黔古盐道》《川鄂古盐道》等，分别介绍这几条古盐道通行历史、线路走向、往来方式以及盐道沿途的丰富文化遗存。这项工作当然是具有特别重要的学术意义的。

我们曾经关注过秦汉时期的盐产与盐运。《汉书》卷二八《地理志》载录各地盐官35处，其中蜀郡临邛、犍为郡南安、益州郡连然、巴郡朐忍，是巴蜀地方的盐官。杨远又作补考，其中有越嶲郡定莋、巴郡临江。这样，巴蜀盐官计有6处。又《水经注》卷三三《江水》："江水又东迳临江县南，王莽之监江县也。《华阳记》曰：'县在枳东四百里，东接朐忍县，有盐官。自县北入盐井溪，有盐井营户，溪水沿注江。'"②如果计入"临江"，则西汉盐官《汉志》35处，严耕望考补2处，杨远考补6处，加上《水经注》此条信息所见1处，合计44处中，巴蜀占有7处，占全国盐官数量的15.9%。只是以进入国家行政序列的"盐官"讨论"川盐"，这样的认识显然是并不全面的。

秦汉时期巴蜀及周边地区大致以质量优异的井盐产品自给。井盐生产，是有世界史意义的伟大发明。分析自贡盐产及"川滇""川黔""川鄂"古盐道，从"文化线路"的视角考察区域交通系统及相关经济格局与文化态势，是非常有意

---

① 段玉裁注："《周礼》：盐人掌盐之政令。有出盐直用不涷治者，有涷治者。""夙，大徐作宿。古宿、夙通用。《左传》有夙沙卫。《吕览注》曰：夙沙、大庭氏之末世。《困学纪闻》引《鲁连子》曰：古善渔者，宿沙瞿子。又曰：宿沙瞿子善煮盐。许所说盖出《世本·作》篇，所谓'人生曰盐'也。"〔汉〕许慎撰，〔清〕段玉裁注：《说文解字注》，上海古籍出版社据经韵楼藏版1981年10月影印版，第586页。
② 〔北魏〕郦道元著，陈桥驿校证：《水经注校证》，中华书局2007年7月版，第774页。"监江县"，文渊阁《四库全书》本作"盐江县"。

义的学术课题。西汉成、哀间，出身成都的商人罗裦"贾京师"，"往来巴蜀"，"赊贷郡国"，又"擅盐井之利，期年所得自倍，遂殖其货"，遂以成功的工商业主名著史籍。①大概经营盐运是当时便捷的致富途径之一。四川出土汉代画像砖反映盐业生产的画面中对于盐运情景的精心描绘，也突出显现出马克思曾经强调的运输"表现为生产过程在流通过程内的继续"②的意义。而盐运引致的文化交流与文化融合，在相关"文化线路"遗存中保留了珍贵的历史信息。认识、说明并理解相关历史文化现象，是历史学者和文化学者的任务。

盐因民生意义的重要，渗透到文明史的各个层面，浸渍着不同地区渊源有异的多种文化存在。"中国古代文化线路——川盐古道"丛书分别进行研究，诸多学养深厚的作者辛苦踏查，精心撰述，完成了这套学术杰作。古道考察的收获，学术深思的心得，现在呈示在读者面前。其中颇多精致的学术新见，若干研究心得对学界的提示，又可能导致出现新的学术生长点。

这套"中国古代文化线路——川盐古道"的面世，无疑是盐业史、交通史研究方向新的学术推进。对于"川盐古道"今后进一步的考察和研究而言，提供了新的学术基点，开启了新的学术路径，由此也可以预见新的学术前景。

谨此向"中国古代文化线路——川盐古道"的作者表示祝贺，向自贡市盐业历史博物馆的朋友们表达诚挚的敬意。

2018年7月18日

---

① 《汉书》卷九一《货殖传》："至成、哀间，成都罗裦訾至巨万。初，裦贾京师，随身数十百万，为平陵石氏持钱。其人强力。石氏訾次如、苴，亲信，厚资遣之，令往来巴蜀，数年间致千余万。裦举其半赂遗曲阳、定陵侯，依其权力，赊贷郡国，人莫敢负。擅盐井之利，期年所得自倍，遂殖其货。"中华书局1962年版，第3690页。
② 马克思：《资本论》第2卷，《马克思恩格斯全集》第24卷，人民出版社1972年版，第170页。

序二

程龙刚[①]

四川盐业历史悠久，源远流长。从《华阳国志·蜀志》记载的蜀守李冰"穿广都盐井"起，四川盐业已走过2200多年的灿烂历史。在漫长的历史长河中，四川盐业曾出现两个辉煌时期——太平天国运动时期与抗日战争时期。在这两个时期，川盐形成了巨大的运销网络和广阔的销售市场。太平天国运动时期，川盐除供应本省138个县以外，还远销湖南、湖北、云南和贵州等省120余个县；抗日战争时期，川盐除行销本省149个县以外，还运销湖南、湖北、云南、贵州、西康和陕西等省180多个县。川盐如此庞大的运销网络和广大的销售市场催生了运输食盐的水陆混合型道路。"修亿万人往来道路，开数十代远大途程。"这些盐道由盛产井盐的巴蜀地区出发，抵达川、渝、湘、鄂、滇、黔、陕等省市诸多的城镇和村落，成为数千年间这些地区经济文化交流的重要孔道，沉淀了盐味十足、丰富深厚的盐运文化遗产。

令人遗憾的是，长期以来学界对川盐古道缺乏系统而深入的梳理、调查、研究，文物主管部门对川盐古道上的盐运文化遗产缺乏应有的认识和重视，从而导致大量的盐运文化遗产飞速地消失，面临危局。为此，2014—2015年，自贡市盐业历史博物馆组织科研人员开展了大型学术考察活动——"寻访川盐古道"，对川、渝、滇、黔、湘、鄂、陕境内的盐运文化遗产进行了大规模的田野调查，中国社会科学院考古研究所、北京大学考古文博学院、中国人民大学国学院、四

---

①程龙刚：自贡市盐业历史博物馆馆长、研究馆员，《盐业史研究》杂志社主编，四川省文物局专家库专家，四川师范大学专业学位研究生导师，中国商业史学会常务理事，中国商业史学会盐业史专业委员会副主任，中国商业史学会川商专业委员会副主任。

川省文物考古研究院、重庆市文化遗产研究院、贵州省文物考古研究所、湖南省文物考古研究所等单位的专家学者也应邀参加了考察。在为期约110天的考察时间里，考察团爬山涉水、顶酷暑冒严寒，行程数万公里，走遍了川、渝、滇、黔、湘、鄂、陕的山山水水、沟沟坎坎。

在此次学术考察活动中，我们全面细致地调查了川盐古道的运输路线，以及川盐古道上的码头、桥梁、堰闸、碑刻、驿站、盐号、盐店、盐仓、税卡、关隘、祠堂、庙宇、会馆、牌坊、摩崖石刻、运盐工具、古街、古镇等物质文化遗产和与盐运关联的仪式活动、船工号子、运盐习俗、民间歌曲、饮食文化等非物质文化遗产。通过深入系统的调查，我们发现川盐古道呈网络状辐射，像血脉一样串起周边地区的大小城镇和村落，绵亘在武陵山、大巴山、大娄山、乌蒙山、横断山脉等山区，沿沱江、永宁河、大宁河、赤水河、南广河、清江、沅江、酉水、郁江、乌江、雅砻江、金沙江等江河延伸，最后抵达川、渝、滇、黔、湘、鄂、陕等销区。正是依靠这些山山水水，川盐古道沟通了盐产地、沿线地区和销区的经济与文化，促进了土家族、苗族、彝族、仡佬族等少数民族地区与外界的交流。从这个意义上讲，川盐古道既是经济的生命线，又是文化的大走廊，可与南方丝绸之路、茶马古道媲美。

在学术考察取得阶段性成果的2014年10月24—26日，自贡市盐业历史博物馆联合四川省文物考古研究院、重庆市文化遗产研究院、中国盐文化研究中心在盐都自贡举办"川盐古道与区域发展学术研讨会"，来自全国9个省（直辖市、自治区）、67个单位的134位专家学者出席研讨会。中国社会科学院考古研究所王仁湘研究员、北京大学考古文博学院李水城教授、中国人民大学国学院王子今教授、北京大学文化遗产保护研究中心孙华教授、西南大学历史地理研究所所长蓝勇教授等专家学者均作了主题报告。在分组讨论会上，与会代表围绕川盐古道的线路、川盐运销与流域开发、川盐古道与区域社会变迁、川盐古道与人口迁移、川盐古道与集镇商业、川盐运销与民族地区开发、历史时期川盐运销管理体制、川盐古道与文化遗产等议题进行了广泛而深入的讨论。此次学术研讨会第一次研讨了"川盐古道与区域发展"的学术主题，取得了"迄今最完备的以'川盐古道'为主题的学术成果"。

会后，自贡市盐业历史博物馆与西南交通大学出版社联合策划了"中国古代文化线路——川盐古道"丛书，分为《自贡古盐道》《川滇古盐道》《川黔古盐道》

《川鄂古盐道》等。这套丛书一个很大的特点是作者做了大量的田野调查和文献梳理工作，仔细考证了川盐古道各主要路段的路线分布，分类整理了与盐运活动相关的文化遗产，图文并茂，让读者既能感悟川盐古道厚重的历史，又能体验鲜活的田野现场，亲身去认识川盐古道的多维样貌。"中国古代文化线路——川盐古道"丛书是继自贡市盐业历史博物馆编著的《川盐文化圈图录——行走在川盐古道上》《川盐文化圈研究——川盐古道与区域发展学术研讨会论文集》后，系统研究川盐古道的最新学术成果，对于今后川盐古道的考察和研究而言具有极高的资料价值和学术价值。正是基于这样的重要价值，"中国古代文化线路——川盐古道"丛书先后入选2015年度教育部全国高校出版社主题出版项目、2015年度四川省重点出版规划项目、2016年度四川省文化产业发展专项资金项目。

回溯川盐运销的历史，我们发现川盐古道铺就了一条如同史诗般的盐文化传播走廊，留存的盐运文化遗产不仅"诉说"着曾经的历史，还对当下的社会经济发展和区域文化建设有现实层面的推动作用。我们真诚期望在今后的工作中，川盐古道沿线地区建立起协调机制，继续开展深度调查和综合研究，用文化线路的视野将其联合申报为全国重点文物保护单位，进一步加强文物保护力度，着力打造盐运文化景观，以协同推进川盐古道文化线路遗产的保护与利用。

是为序！

目 录

001 川鄂古盐道的形成背景
- 001 川盐
- 008 『湖广填四川』移民线路与川鄂古盐道
  - 『湖广填四川』的川鄂线
  - 『湖广填四川』的川湘线

012 川盐销楚的历史
- 012 古巴盐销施南
- 013 两次川盐济楚
  - 第一次川盐济楚
  - 第二次川盐济楚

020 川鄂古盐道的线路
- 020 川鄂古盐道概况
- 022 水运线路
  - 长江线
  - 汉水线
  - 清江线
  - 酉水及渔洋河（汉洋河）线
  - 南河线
  - 堵河线

025 陆运线路
　　鄂西南
　　鄂西北

030 **川鄂古盐道遗址**
030　秦巴古盐道遗址
030　虎牙山纤道遗址
033　猴子石驿站遗址
033　三道街关帝庙及古盐道遗址

034 **川鄂古盐道上的聚落**
034　鄂西南
　　纳水溪
　　庆阳坝
　　老屋基
　　彭家寨
　　舍米湖
　　利川大水井
070　鄂西北
　　谷城城关老街
　　阳日湾古镇
　　军店老街

092 川鄂古盐道上的建筑

　　上庸古镇（田家坝古镇）
　　官渡古镇
　　竹溪东门老街
　　黄龙古镇

092 川鄂古盐道上建筑的特点

　　巴蜀民居的挑檐结构
　　天井
　　双坡檐的演变
　　建造技术的传承

108 庙宇

　　纳水溪关帝庙
　　舍米湖摆手堂
　　谷城三神殿
　　军店镇显圣殿

117 会馆

　　阳日湾武昌会馆
　　上庸镇黄州会馆
　　黄龙镇会馆群

122 **祠堂**
　　大水井祠堂
　　甘氏宗祠
　　敖宗祠

130 **庄园**
　　高家花屋
　　饶氏庄园
　　三盛院

138 **川鄂古盐道上的非物质文化遗产**
　　盐工号子
　　盐背子饭
　　造船技艺

142 **参考文献**

143 **后记**

川鄂古盐道的形成背景

盐作为人类生存的必需物质之一，在人类文明的发展演进中，起了很重要的作用。同时，盐又作为一种矿物质原料，在地球上有着不同的蕴藏形式。中国的盐业资源主要有海水、盐湖和盐岩，从而形成了海盐、湖盐和井盐三大类不同的制盐产业和不同的制盐工艺。根据盐业技术的不同，中国盐业的发展大概分为以下几个阶段。第一，从神农炎帝时代至春秋战国时期，即距今6 000年以前至公元前三四世纪，这是中国古代盐业资源的最初利用和开发阶段。第二，从春秋战国至汉魏之际，即公元前三四世纪至公元二三世纪，这是中国开凿大口盐井、长途输卤和普及煮海水为盐的阶段。盐业经济史上的专卖时期，亦是从此开始。第三，汉魏之际到宋金时代，即公元二三世纪至公元十一十二世纪，这是池盐人工浇晒和逐渐利用天然气煮井盐的阶段。第四，从宋金时代至清末，即从公元十一十二世纪至20世纪初。这是用顿锉法开凿小口深井以及矿盐采用斜井掘进、海盐煎晒并举的阶段，这一阶段后期，盐井已可深及千米以下的黑卤和盐岩层。川盐作为中国井盐的代表，在历史上扮演着重要的角色，两次川盐济楚时期川盐的影响达到了顶峰。川盐对鄂西地区聚落的形成、经济的发展、文化的演进产生了深远而巨大的影响。

川盐

川盐形成于距今约两亿年前的中生代三叠纪，当时我国地形是东部高西部低，今长江上游的四川盆地、云贵高原、青藏高原地区尚是浩瀚的古地中海的一部分。在这期间，由于气候干旱高温，海水蒸发，盐化海膏泥沉积，形成了渝东的三叠系盐层。三叠纪晚期以后，由于印支造山运动，我国西部地区地壳上升，海水从盆地西南退出了大陆。这时的秦岭地槽上升，黄陵背斜耸起，四川盆地基本形成，存留在盆地内的海水和积水成为一个内陆湖——"巴蜀湖"。在这个过程中，四川盆地东部沉积了较厚的盐矿结晶。侏罗纪末兴起的燕山运动使得四川盆地东部边缘褶皱隆起，形成了渝东地区一系列平行的褶皱和逆断层，并在

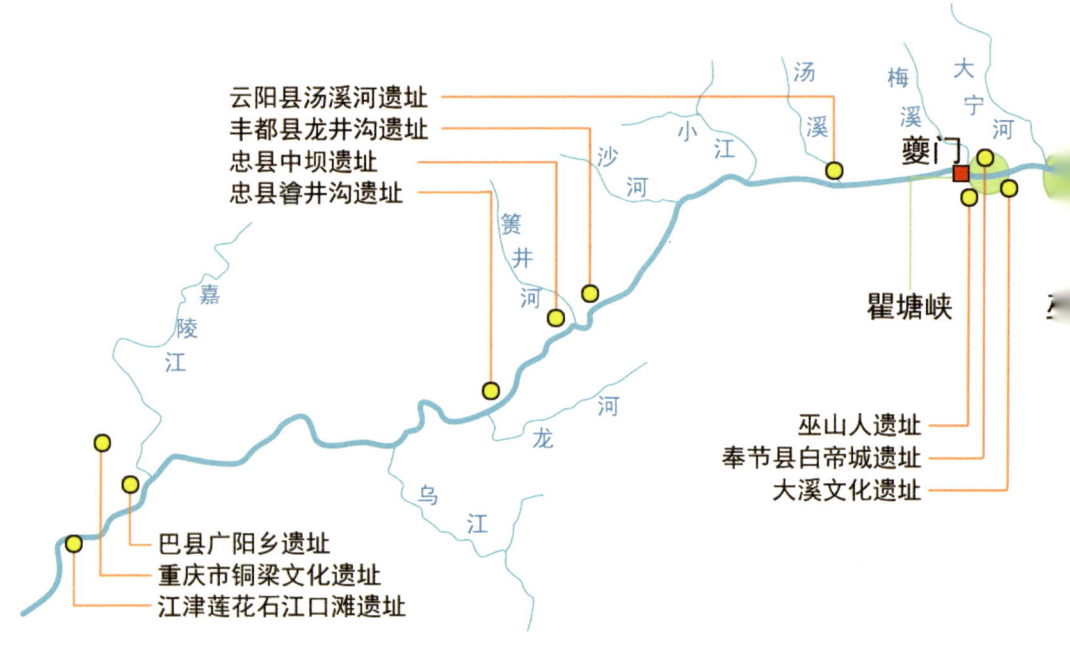

三峡地域早期人类文化和聚居点分布图（据赵万民《三峡工程与人居环境建设》绘制，田宗伟制图）

盆缘形成了七耀、巫山、黄陵三处背斜，背斜上出现一些相反流向的河流。河流的下切作用使得这三处背斜的低洼处越来越深，一个四川盆地的缺口正在形成。在四川盆地的形成过程中，海水和湖水中的浓缩盐卤结晶成矿物质沉积下来，埋藏在地下，成为盐岩和盐卤这些重要的矿藏。由于地质作用，许多盐矿裸露于地表，在地下水源的作用下形成天然盐泉，被早期人类发现利用，成为远古人类的"天赐珍品"。

盐业作为中国历代王朝的支柱性产业，其生产和运输是直接关系国计民生的大事。清人有云："国家正赋之外，充军国之用，唯盐法、关税、钱法而已。"盐税与关税、田赋一起被视为国家财政之源。因此，在中国封建社会，盐业经济是由国家垄断并严格控制的，即对盐业实行专卖制度。行盐制度为某产区之盐限定行销区域，有一定的疆界，不许越雷池一步。汉代桑弘羊在经济改革时就实行了盐铁官营政策，盐的官营采用募民煮盐而由官府专卖的做法。到明朝时，为了最大限度控制盐利，洪武初年，朝廷便建立了严密的盐业管理体制，如设立盐务机构，委派官员管理盐务；确立严密的灶籍制度；制定残酷而缜密的盐律等。清王朝对盐业的控制主要偏重于流通环节，采取的方式是专商引岸制。其特点是：盐商认销岸，以销岸确定

汉代井盐画像砖

1906年自贡王爷庙前运盐船千橹待发（《自贡市志》）

盐产地，根据所领盐额运输食盐；政府掌握盐引以确定产销额数，据此征榷盐税。引岸制度将食盐的生产与流通定向地限制于法定区域内，形成一块块相互割据的封建"世袭领地"。专商引岸制不考虑生产技术水平高低、市场供求关系状况等内在经济因素的变化，是封建政府的强制性经济手段，目的是把盐业经济固定在小农经济基础上。

　　川盐运销区域主要是长江中上游，包括鄂、渝、湘、黔交汇地区。它的经济影响力虽不如淮盐，但与其他盐区相比，四川盐区具有地处偏远、交通不便，曾经繁荣如今衰落,盐业经济主导作用明显,技术性强、遗存较多等鲜明特征。关于川盐的销售,唐、宋、元、明虽然实行划区分销,但史书上并没记载某盐场之盐销往某处。从清雍正时起,官府实行"计口授盐",即按人口配给食盐,对每一县销多少盐、从哪个盐场配运,都有规定。川盐又有水引、陆引之分,陆引只能由旱道运销;水引就遇水行水,水路行程走完了还没有到达指定的销盐地,则再转由陆路运输,直至抵达目的地。清代又将四川井盐销售区分为"计岸""边岸""楚岸",湖北、湖南及其相邻的一些州县属于楚岸的行销范围。这些地区地广人多,素不产盐,历来是国内大范围食盐销售市场之一。楚岸之前主要由实力雄厚的淮盐独占,直至两次川盐济楚时期川盐才大规模运销楚岸。

川盐作为一种商品,与淮盐相比,具有多方面的竞争优势:其一,川盐色质俱优于淮盐。川盐的传统产制技术是相当优良的,卤水入锅前要净化(提清化净),成盐后要洗涤(淋花水),其含盐量达95%以上,特别是以瓦斯小锅煎制的花盐,颗粒均匀,色白质坚。而淮盐系以海水在盐田内晒制而成,夹杂大量泥沙,色污黄。除了外观上的差别,在民间腌菜用盐方面,川盐质坚,溶化较慢,渗透力强,防腐作用大,食盐人民自然喜川盐而厌淮盐。清朝两江总督曾国藩于同治七年(1868年)奏请规复淮岸的奏折内,也不得不承认川盐具有比淮盐更多的优点:"川盐色白质干,川贩因之居奇,淮盐因之日废,此盐质之胜于淮者。"难怪史书上会有如此记载:"鄂省人民因川盐质美,优于淮盐,人皆喜食。"其二,淮盐由海滩通过运盐小船,集中扬州十二圩,改装大帆船入长江,逆水上驶,帆船非风不行,往往在途候风,停滞不前。而且淮盐运输均为一大船队,一遇事故,损失惨重,这在历史上是不乏例子的。如湖北武昌塘角大火,烧盐船四百余号,损钱粮银本五百余万。与淮盐完全不同的是,川盐顺长江下驶,顺风顺水,运输便利,在途时间大大缩短。特别是在盐斤缺销的时候,川盐能够在很短的时间内被运送到指定地点。其三,淮盐是以纲统票,以票统引,运盐最小单位是一票,每票五百引,帆船一载达五千六百多担。川盐纲下即是引,水运每载仅十二引,只有一千二百余担。淮盐搁本大,缴用重;川盐搁本小,缴用轻,在经营上灵活得多。此外,淮盐的销售时间是以到岸的先后来决定的,而川盐到岸即可销售,不需要排队等候。这其中是有缘由的,淮盐因质劣滞销,须由官厅排定轮次,轮档配售;川盐因质优畅销,到岸即售,资金周转较快。

自贡盐运水道平面图

布满井架天车的自贡盐场

燊海井的天车井架

贡井老街古盐道

　　根据以上介绍我们可以看出：川盐作为一种商品，与淮盐相比，具有多方面的竞争优势，如果照商品流通的自然规律，不加人为的限制，它在两湖广大地区是有广阔的销售市场的。但在过去，川盐在两湖销区不能与淮盐竞争，其根本原因在于引岸制度的施行阻碍了自贡盐业的发展，也抑制了川盐在两湖市场的行销。总体来讲，不管销售制度和销售区域怎样变动，巴蜀地区，特别是川、鄂、湘、黔交汇地区千百年来食用川盐的传统一直未变。无论川盐在全国的销售区域如何更改，巴蜀地区仍然是川盐产、运、销的核心地带。川盐济楚时期，四川的盐税达到了全国的四分之一。直到1945年抗战胜利后，国民政府颁布命令，淮盐重新进入两湖地区，川盐退回原先的运销区，川盐的"黄金时代"再次终结，川盐也慢慢淡出了历史舞台。

"湖广填四川"移民线路与川鄂古盐道

"湖广填四川"是指发生在清朝的一次大规模的移民，移民来源地以湖广行省、贵州行省等地为主，江西、福建、广西等几个省份的居民也在行列之中，此次移民人口多达100余万。元末明初和明末清初，四川经过战乱，人口急剧减少，因此从中央到地方各级官府均采取了一系列措施吸引外地移民。大量的外省移民进入四川，四川成为"五方杂处"的移民社会。从一些方志的记载中可以看出，进入四川的移民以湖广（两湖）为最多，粤、闽次之，陕西、江西也不少，还有贵州、安徽、江苏、浙江、河南、山西、山东、广西、云南等。根据移民地域来源以及各地域移民所占的比重，可将移民主要划分为两大部分，一是两湖与两广地区的移民，二是陕甘地区的移民。

四川位于长江流域的上游，是崇山峻岭环绕而成的一个盆地。由于古时交通条件不好，四川与外界联系甚为不便。面对如此复杂的地理条件，"湖广填四川"的移民又是通过什么方式、选择哪种路线入川的呢？

古代的交通主要是水路和陆路两种形式，移民的来源地域不同，他们选择的迁移路线就不相同。湖广的移民主要来源于今湖南、湖北、江西、广东、广西和福建的部分区域。这些省份的移民主要是聚集到湖北、湖南地区，再通过各种路径进入川地。河南、安徽等地的移民则是沿光黄古道（河南广川至湖北黄冈的古官道）翻越大别山，再南下沿举水河水路进入湖北麻城、黄州，安徽东部移民也可顺长江，过九江进入湖北黄州地区；河南移民南下进入鄂西北，顺鄂西北古盐道，经堵河及南河水运进入四川；而来自江西的移民，主要是从鄱阳湖地区的瓦屑坝往西进入湖北境内；广东、广西、福建的移民大都先抵达湖南，再进入四川。换言之，湖北、湖南就成为两湖与两广区域人员流动的重要中转站。

"湖广填四川"的川鄂线

由于四川盆地四面环山,其与东部湖北的交流贸易主要是通过川鄂线的长江水路联系,这条线路也是从湖北进入四川最直接、最便捷的线路。乘船逆流而上,经三峡天险进入川东门户重庆,再向西深入四川各地。但是水路历时较长,多激流险滩,在途中花费较多,而且水路并不是处处通达,一般老百姓没条件选择水路的,也会就近选择陆路。

水路路线

走水路的移民大多是由移民之乡——麻城孝感乡出发,沿长江溯流而上,途经宜昌,穿长江三峡,至奉节、云阳,进入川东门户重庆,再由重庆往西进入四川其他区域。由于从湖北至四川的水路是逆流而上,因此花费时间长,时间充裕、经济条件好的移民通常会选择水路,还可欣赏两岸的峡江风光。但是途中激流险滩聚集,有些地段需要借助纤夫之力方能通过,年深日久,便有许多移民定居于途中,如新滩、云安、西沱、龙兴等都有许多移民定居。这些地方的古镇中大多建有湖广会馆,有的保存至今。其中新滩、云安、西沱等都是川鄂古盐道上重要的古镇聚落。

沿途湖广会馆

陆路路线

对于选择陆路的移民来说,不畏路途艰险困苦的精神是必备的。相比于水路目的地的确定性与线路的唯一性,陆路迁徙则多有随机性。从湖北出发入川的陆路通道主要有两条:一是从孝感乡出发,沿江汉平原,途径云梦、安陆、随州、枣阳、襄阳,即著名的"随枣走廊",进入十堰,随之进入陕南区域,翻越大巴山,走金牛道、米仓道和荔枝道进入川北区域。通过这条道路进入四川的移民就成为陕甘移民的一个分支。这条通道上的谷城、黄龙、荆紫关、蜀河等地至今还保留有移民所建的大量会馆。二是沿唐宋时开辟的、从巫山通往湖北恩施的南岭山道,从长江南岸湖北的恩施经建始、蒲潭塘、大石岭、南岭山一百零八盘到达四川巫山、奉节各地。

"湖广填四川"的川湘线

从湖南出发的移民除一部分加入湖北入川移民的阵营,大部分是从湖南直接进入四川。由于湖南与四川仅有湘西一部分毗邻,这一部分地区属于武陵山脉,区域内千山万壑,群峰壁立,因此加大了陆路入川的难度。湖南境内的湘、资、沅、澧四大水系,除了湘江,其他三水皆流经湘西,这为入川提供了良好的条件。因此,从湖南入川基本上靠水路。陆地交通设施成规模地兴建,最早是在元朝,朝廷因经营滇、黔、川,需取道于鄂、湘境,才开始正式整修湘黔驿道。

水路路线

从湖南进入四川的移民主要是通过酉水和沅水这两条水系来完成迁徙。沅水线:移民先抵达洞庭湖,沿沅水流域途经湘西泸溪、吉首抵达四川境内,过秀山,沿乌江抵彭水、涪陵、重庆而西进。这条路线有异于长江水路,长江水路可直抵重庆,无需陆路交通的辅助。而这条线路中从泸溪到吉首再达秀山这段路则需徒步行走,因而可算是水路和陆路交通相结合的一条路线。酉水线:这条线和沅水线有一定的重合,先沿沅水抵达沅陵,再沿西水而上，抵达川东的酉阳、秀山、黔江、彭水区域，即俗称的"酉秀黔彭"。由于这两条通道都经过"酉秀黔彭"区域，且这里是湖南抵川的第一站，因此这个地带移民较多，建造的会馆也比较多，如龙潭、后溪等都保留有会馆建筑。

陆路路线

崇山环绕与复杂的地形阻碍了四川和湖南之间陆路交通的发展，故其陆路交通开发的时间比较晚，没有形成像川陕蜀道那样成熟的体系。另外，水路交通的便利也制约了陆路交通的发展。因此从湖南入川的陆路路线也主要是经过湖北西南区域，再进入四川。移民主要从洪江出发，走吉首、永顺、来凤、恩施，再由湖北恩施往西进入川东区域，这条线路呈纵向分布。这条通道上的凤凰、晓关至今仍保留有完整的会馆建筑。

"湖广填四川"的移民迁徙路线不仅包括外省入川的路线，同时也包括入川后再次迁徙的路线。各个地区的移民进入四川之后不可能只停留在几条主要通道所涉及的州县范围内，而必然会因为生活、经济、社会等多种原因进行再次迁徙。入川后的移民有的可能一次就寻到安定满意的定居之所，也有的可能需要再次甚至是多次移居才能寻到安家之地，这势必会引起省内的迁移。这种省内的再次迁移是入川移民人口在川内的再次分布，从而使得移民从小范围逐渐扩大到大区域，对四川人口区域性均匀分布起到了一定的积极作用。这种再次迁移的形式是十分多样的，学者谭红将其分为"南北迁移、东西迁移、往复迁移、腹心地迁移等"。迁移的形式因区域的不同而变化。尽管迁移形式多样，但仍以东西迁移为主。这主要是因为绝大多数移民来源于长江中下游，选择水路和陆路入川的第一站就是重庆。有一部分移民选择定居于此，也有一部分移民继续西行，进入四川其他地区。

根据以上分析，"湖广填四川"的移民（无论是湖广移民还是陕甘地区的移民）许多都是以四川对外的运盐古道为移民通道进行迁徙。这些移民通道（无论是陆路还是水路）与川盐销湖广的路线大体重合，沿途的会馆就是很好的佐证。

川盐销楚的历史

古巴盐销施南

关于四川井盐的最早开发和利用，四川省地方志编撰委员会编撰的《四川省志·盐业志》记载："早在先秦时代，巴蜀先民们就已经开始利用自然盐泉和裸露在地面的岩盐。秦统一巴蜀后，随着铁工具的大量使用和大批移民入蜀，带来了中原的凿井技术和人才，西蜀地区经济逐渐有了长足的发展。公元前311年，秦以张若为蜀守时，由于盐铁商业已具规模，故于成都'置盐铁市官并长丞'，管理盐铁交易。战国末年李冰穿广都盐井，在今双流地区开凿了广都盐井，揭开了中国井盐生产的序幕。"

川盐的开采与古巴国有密切关系。古巴国是一个因盐而兴、因盐而亡的典型国家。鄂、渝、湘、黔交界地区是古代巴人活动频繁的区域。巴人是土家族的祖先，起源于武陵山脉钟离山（今湖北长阳境内），《后汉书·南蛮西南夷列传》记载了巴人的祖先廪君部落沿夷水上溯，逐鱼盐而居并战胜盐水神女的传说。夷水，古名"咸水"，就是清江，是沟通鄂西和川东的重要通道。廪君自东向西迁移的重要原因是夺取"鱼盐所出"之地，这与川东地区密布的盐泉有关系。因为巴国周边的秦、楚之地均不产盐，他们的食盐完全仰仗巴国供给。大巫山盐泉的盐通过长江这条干道和其众多支流以及崇山峻岭中的小道，东到江汉平原，东北到豫西平原，北到汉中盆地、关中平原，西到成都平原，南到云贵高原，以解决这些地方的食盐运销问题，同时换回大巫山中缺少的东西，与巫山诸部进行交换。这样巴人能得到较丰厚的收益，从而使自己的民族日益强大，最后建立了一个地跨湘、鄂、渝、黔的泱泱大国——巴国。巴人向北，翻越齐岳山脉，可获取云安、大宁的盐泉；向西，沿清江溯流而上至恩施、利川，再由陆路可顺利进入重庆黔江、彭水境内获取食盐，也可通过酉水经黔江、酉阳进入湘西及黔东北地区。一直到20世纪90年代，彭水郁山镇的食盐还在供应湖北咸丰、来凤及湘西北等地。

正是由于生活在巴蜀地区的先民与渔盐之利息息相关，所以巴人活动的川、鄂、湘、黔地区的苗族和土家族山民一直依赖川盐生活，并且延续着用盐巴交换生活必需品的习俗，川盐经济在巴蜀地区也一直占据举足轻重的地位。因此在古时，巴人长期统治的区域也是川盐古道存在时间最长、影响力最大的区域。清朝太平天国时期和近代抗日战争时期的两次"川盐济楚"运动，也是川盐经济发挥巨大作用的特殊历史时期。

两次川盐济楚

川盐济楚是由于太平天国运动的兴起和抗日战争的全面爆发，原本行销湖广等地的淮盐不能上运，政府为解决湖广等地人们的"淡食"之苦和减轻国家税负而采取川盐接济行销湖广地区的政策。川盐济楚政策的施行打破了封建时期政府对盐业流通采取的"专商引岸制"。在中国封建社会，盐业经济是由国家垄断并严格控制的，其特点是：盐商认销岸，以销岸确定产地，根据所领盐额运输食盐。政府掌握盐引以确定产销额数，据此征榷盐税。引岸制度将食盐的生产与流通人为地限制于法定的区域内，并形成一块块相互割据的封建"世袭领地"。专商引岸制不考虑生产技术水平高低、市场供求关系状况等内在经济因素的变化，是封建政府的强制性经济，目的是把盐业经济固定在小农经济基础上。但专商引岸制在"川盐济楚"中却受到沉重打击。"川盐济楚"政策规定，不管是川盐还是潞盐都可以自由贩卖，不管是商人还是平民都可以贩售食盐。这就打破了清政府以前规定的楚岸是淮盐计岸、是淮盐销售区的定制，使楚地盐市场成了自由市场。

川盐重要盐场分布

　　川盐济楚政策的实施极大地刺激了四川盐业的发展，出现了以盐业为基础的资本主义萌芽。在川盐济楚中发展最快的富荣盐场出现了盐商资本集团，其代表为"自流井四大家族"，即李四友堂、王三畏堂、胡慎怡堂、颜桂馨堂。他们集资凿井，经营枧运，联合运销食盐。四大家族通过合资、借贷、入股等各种方式，迅速形成盐商资本集团，推动了四川盐业的发展。整个政策的实施直接导致四川井灶增多，制盐技术提高，食盐产量增大。同时，在利益驱动下，富商大贾以累万盈千之银投入盐业生产，对凿井采卤采气和制盐技术的提高起到了促进作用。如在自流井地区，盐工们根据凿井过程中不同的工序和遇到的不同情况研制了100多种工具，井深达千米以上者屡见不鲜。为了在同一口井实现水气共采，还发明了"裸井采气法"。丰富的卤源和天然气使盐产量、质量大大提高。咸丰（1851—1861年）以后，自流井年产盐大体保持在15万～20万吨，最高年产量为30万吨，与"川盐济楚"前相比，年增长4.6倍，一跃成为全国最大的井盐产地。据光绪《四川盐法志》记载："射蓬各地，私井日开，近年则几无处不有。"一些原已淤塞的盐井在川盐济楚中修旧凿新，井灶又发展起来。原有的大盐场进一步发展，如犍为盐场，在乾嘉年间有井1 206眼，煎锅1 654口，川盐济楚后，其井达到2 000余眼，锅也达到近2 000口。再如自流井盐场，据统计，咸同年间盐井数达到728眼，灶锅达到7 919口，而咸丰前井灶不过400余眼，锅不过1 000余口，井眼增加了近1倍，锅口增加近8倍。

川盐济楚政策的实施还促进了近代手工工场的发展。富荣盐场内部有明确分工，就每一井灶而言，有司井、司牛、司车、司篾、司梆、司漕、司润、司火、司草，还有医工、井工、铁匠、木匠等。而整个盐场内，各种职业的分工更是类别繁多，有山匠、盐匠、灶头、担水夫、担盐夫、盐船夫等。盐场规模很大，各工种按劳取酬。正如李榕在《自流井记》中记载："担水之夫约有万，其力最强，担可三百斤，往复运送，日值可得千钱。盐船之夫其数倍于担水夫，担盐夫又倍之，其价稍差。盐匠、山匠、灶头，操此三艺者约有万，其价益昂。"盐场管理体系逐渐完备。"盐厂之管事有四：规画形式，督工匠以凿井者，为井之管事。综核水火，计成数以烧盐者，为灶之管事。安置竹笕，由近及远以达咸水者，为笕之管事。储盐运盐，行水陆以权交易者，为号之管事"，"凡计议官私厂务者，谓之档首。商酌买卖盐斤与时为低昂者，谓之经纪。驱使杂佣接待宾客者，谓之外场"。这里的井、灶、笕、号诸"管事"以及"档首""经纪""外场"等，都是盐场的管理人员，这些都表明在富荣地区已经出现了近代手工工场。

第一次川盐济楚

咸丰三年（1853年），太平军占领了长江一线。长江是清政府运输淮盐的主要通道。太平军控制长江，导致淮盐无法上运，截断了淮盐的生产地与消费地之间的联系。淮盐流通的中断使清政府在财政上受到了很大的打击。太平天国起义前，清政府每年能征收500万两至700万两白银的食盐专卖税，起义之后则变得相当困难了。

为了克服危机，清政府从1853年至1876年实行了"川盐济楚"

《恩施县志》中绘制的力夫运盐图

的政策。由于川盐济楚政策的施行，原先到湖南、湖北贩卖食盐的淮商盐商集团被四川盐商集团代替。川盐济楚为川盐扩大在湖北的市场提供了良好的机会，川盐得以大量入楚。据冉光荣先生估计，楚岸月销川盐为720万斤，年销量为8 640万斤，这还不包括无法计算的私盐在内。太平天国运动被镇压后，曾国藩试图恢复淮盐市场，但由于川盐行销楚岸已久，民多习用，而且四川省也因川盐济楚而大量凿井添灶，花费巨大。经过湖广总督、两江总督和四川总督的不断交涉，最后划分了楚岸的川盐和淮盐销售区。湖北的宜昌、江陵、公安、石首、监利、松滋、枝江、宜都、襄阳、均县、谷城、光化、枣阳、宜城、南漳、钟祥、京山、天门、郧阳、房县、竹山、竹溪、郧西、保康、荆门、当阳、远安等二十七县为川淮盐并销区。

"川盐济楚"历时20余年，四川仅向长江中下游广大地区运送的食盐就达40万吨以上，上缴朝廷各种课税约合白银6.7亿两。鼎盛时期，川盐占全国食盐销量的1/4，川盐税收占全国税收的30%。得此良机，四川大部分盐场完成了由作坊向近代工场的转化。随着川盐大量运销长江沿岸，一批"富甲天下"的大盐商应运而生，而川盐运输道路上更是千帆相竞、人丁兴旺，许多产盐古镇、运盐古镇也应势而兴，迅速发展起来。

第二次川盐济楚

1937年7月，抗日战争全面爆发。不久，东部淮盐产区全部被日军占领，国民政府也被迫迁都重庆，失去了对东部富裕地区的税收控制。为解决战时资金短缺问题，也为弥补两湖地区断缺淮盐的"淡食"之苦，国民政府发起第二次声势浩大的"川盐济楚"运动。其过程由以下盐务管理的变迁可窥一斑：

1938年9月，日本侵略军进攻湖北，武汉告急，湖北鄂岸盐务办事处西迁宜昌。旋即武汉失守，11月，湖北鄂岸盐务办事处不得不再次西迁，移驻三峡地区腹心——万县（今重庆万州）。时沿海各产盐区以及上海、南京等地已相继沦陷，淮盐上运受阻，湖北、湖南等省的海盐销区全赖川盐济销。四川盐务管理局奉令尽力增产以供应湖北、湖南、四川、陕西、西康、云南、贵州七省军需民食。是年，位于三峡地区川东段的云阳、巫溪、开县、奉节、忠县、彭水等县盐场"场长公署"一律改称"盐场公署"。

1939年1月，国民政府做出食盐"民制、官收、官运、民销"的决议，川东盐区和川南盐区先后办理"官收、官运"，或以部分官收之盐招商代运，或转配运商缴本代运。与此同时，四川盐务管理局改组为川康盐务管理局，下设西康、五通桥、川东、川北四个盐务管理分局。川东盐务管理分局即设于万县近郊。川东段（即今渝东地区）毗连湖北，时国民政府将业已沦陷的湖北划为军事游击区。为加强盐务管理，支持抗战，1940年6月，国民政府又将川东盐务管理分局从川康盐务管理局划出，改为直属国民政府财政部盐务总局，负责川东及沦陷区湖北的盐务。至此，三峡地区云阳、巫溪、开县、奉节、忠县、彭水六县盐场和原川东鄂西各销盐计岸，以及原湖北淮盐销岸和豫南部分地区，均成为川东盐务管理分局的管辖区域。川东盐务管理分局在奉令增产赶运的同时，又对管辖区内各级盐务机构进行了

西沱古镇居民演绎背盐

调整编制。截至1941年年底，其管辖区内各级盐务机构共达42个之多。抗战爆发前，关税、盐税、统税是中央税收的三大支柱，约占总收入的20%～30%。抗战爆发后，到1944年，仅盐税收入就占国税收入的60%，其中四川盐税占全国盐税的40%以上，约占国税收入的25%。

可见，抗战时期四川地区各主要产盐地和各主要运销口岸在国民政府经济领域中占据着十分重要的地位。可以说，获得了对川盐税收的控制，也就获得了对西部经济控制的主动权，而这一点对抗战期间退守西部的国民政府尤为重要。

总之，巴人因盐业资源而与楚、蜀邻国战争不断，并最终亡国。太平天国运动和抗日战争时期的两次"川盐济楚"实际上都是通过强制手段对盐业经济进行封锁与反封锁，进而达到掌控国家政权的目的。

川鄂古盐道的线路

川鄂古盐道概况

川盐古道是以水路运输为主体、陆路运输为辅助的综合运输网络。川盐运输线路主要是向东、向南两大方向辐射。向东主要通过长江、清江、酉水、汉江水系，销往川东（主要是重庆地区）及两湖（湖南、湖北）地区。向南，一部分通过乌江、綦江、赤水、永宁河销往贵州；一部分通过金沙江、南广河水道以及"蜀－身毒道"行销云南；再一部分是由渝东盐场向南，经鄂西南销往湘西，这部分主要是陆运。销往湘西的这条线路连接东西走向的长江、清江、酉水、汉江水系，是川盐东运楚地的重要补充。

由于大多数盐场都位于长江干道及其支流上 [如大宁盐场位于巫溪（大宁河）旁，彭水县郁山镇盐泉临乌江支流郁江，云阳县云安诸井位于汤溪河畔，忠县诸井位于涂井溪、沿井溪、盐井沟、小井溪畔，开县诸井位于清江东溪河畔]，故川盐运输最初发展起来的是水路交通。各盐场盐之外销及生产物资之购入，主要靠水运进行。总体来说，长江是川盐运输的主要水路通道，四川周边各省盐运主要依靠长江支流，如贵州是乌江、赤水、綦江、永宁河、芙蓉江，湖北是清江、酉水、汉水，湖南主要是从酉水经沅江进入洞庭湖流域。这些江河与巴蜀境内连接各运盐口岸的陆运盐道一起构成一个大的川盐运输网络。

除了大江、大河上的川盐依靠木船运输，各县区乡之间密布的石板道是川盐运输的重要补充。这些古道密布山林水涧之间，以盐场为中心向四方辐射。食盐多以人力背负送达。背夫运盐的工具十分特别。他们用木板凳捆块盐，上边两根主木弯成弧形支架，上端加一横木于头顶，顶上放一装有自用零碎块盐及干粮的木箱，底加一木枋，用以歇气时放背篓。弧形支架

川鄂古盐道

使垒砌的货物前倾，上山时更省力，遭遇下雨还可当作雨伞，保护头部不被淋湿。另外还有类似拐杖的工具叫"拐爬耙"，上端木枋为半圆形，中部钻一圆孔，插进一根粗圆的直木棒作为支撑的脚。直木棒触地的一端钉进一大铁钉，用以支撑板凳，使人得以站着换气。由于负重量大，走起来是"三步两打杆，汗水出全身"，所以从朝到晚，行程很难超出一个马站——30千米（具体形象见本书第二章力夫运盐图）。

鄂西的恩施州、神农架地区由于受东部大山阻隔，淮盐难以到达，多食用川盐。而川盐的重要产区如郁山、忠县、云安、大宁等地，其东部完全被鄂西大山包围。古时长江航运时断时续，在江运不畅之时，川盐要东进两湖地区，必先翻越鄂西的崇山峻岭，故而鄂西是川盐销售的重要通道。在鄂西武陵地区至少有"四横一纵"五条著名的川盐古道。"四横"系水路运输，从北向南依次是汉水、长江、清江、酉水，与鄂西主要山脉平行呈东西走向。"一纵"是连接各江运码头的重要陆运路线，与鄂西主要山脉垂直。"四横"与"一纵"连通，形成贯穿鄂西地区的主要运盐网络。

水运线路

长江线

川南的富顺、荣县、犍为、五通桥之盐顺沱江和岷江进入长江,渝东云安、大宁之盐经云阳、巫山进入长江,再沿江东运,经重庆、西沱、万州、奉节、巴东、新滩、宜昌、武汉等盐运码头,进入湖北地区。这是川盐最主要的外运通道。

长江下游是淮盐销区,长江上游为川盐销区,中游从宜昌到洞庭湖流域则是川盐、淮盐纷争之地。政府在国运昌盛时,一般会采取压制川盐、鼓励淮盐的政策;而当国运衰败、江运受阻时,又靠川盐救国,鼓励川盐外运。故有"国衰则川盐兴,国兴则川盐衰"的怪现象,而这主要是由长江沿线地区的运输能力决定的。

汉水线

大宁、云安之盐北运至陕西安康,或经竹溪、竹山、房县至襄樊、谷城,再沿汉水向东南,经郧阳、襄阳、荆门运至武汉,销往两湖地区。抗战时期,随着武汉、宜昌沦陷,川盐沿长江只能运至新滩、秭归,再沿香溪北至兴山,翻越神农架林区至房县、谷城,再由汉水进入楚地,因此这一时期汉水线尤为繁忙。

汉水线除汉江水运外,陆运亦是重要补充。但陆运路段大多要穿越原始森林,常有虎豹出没,故而异常艰辛危险。清光绪年间严如熤辑《三省边防备览》记载:其盐道"东连房竹,北接汉兴,崇山巨壑,鸟道旁通","山中路路相通,飞鸟不到,人可渡越";大宁场盐运至竹山县,所经之地 "均大山峻岭,间有未辟老林";由兴山过大、小九湖,翻越神农架所经之路"极其幽邃,一路间有棚民而荒凉特甚。西流溪等处,均千百年未辟老林,青葱连天,绝少人烟,进者迷出入之路"。

清江线

忠县涂井、訾井盐和自贡井盐经水运汇集石柱西沱镇，陆运经石柱、利川到达恩施，再由恩施经清江水运长阳、宜昌，进入湖北腹地。

清江发源于鄂渝交界的齐岳山脉，从东到西贯穿整个鄂西南地区，被许多学者誉为"土家族的母亲河"和"发源地"。现在的清江，由于隔河岩、水布垭等梯级水电站的建设，行船已成为历史，但清江两岸的峡谷仍然保持有许多原生态的秀美景色。

酉水及渔洋河（汉洋河）线

郁山及酉、秀、黔、彭地区盐场之盐经利川忠路、咸丰、来凤，再分两条路运输：一条沿酉水进入湖南洞庭湖流域；另一条向东经宣恩两河口、鹤峰、湾潭、五峰到达渔洋关，再经渔洋河由宜都入长江，进入湖北平原，或由鹤峰经走马、石门进入湖南。渔洋河线是古时由湖北中部穿越鄂西南进入四川的重要通道，其中渔洋关至沙道沟段以陆运为主，清时著名文人顾彩写《容美纪游》时就是从这条线进入容美土司领地的，而渔洋关作为土家族与汉族的交界地带，自古以来商贸繁荣，在民国时亦有"小汉口"之称。

酉水作为唯一流经川、鄂、湘三省交界处的河流，成为武陵地区古文化传播的重要纽带。它发源于鄂西宣恩县，流经龙山、来凤、酉阳、秀山、花垣、保靖、永顺、古丈等县市，沿途密布众多风情浓郁的土家族村寨，如宣恩沙道沟彭家寨、来凤百福司舍米湖等。而其作为纵横三省的主要盐运线路，沿途更是有众多的盐运古镇，如里耶、龙潭、酉酬、后溪等，特别是保靖四方城古城遗址、里耶古城遗址及秦竹简的发掘，充分说明早在汉代以前酉水流域就已十分繁华。可惜随着凤滩水电站、碗米坡水电站的建设，许多文物古迹已永远沉于水底。

南河线

南河南源是神农架阳日湾的粉清河，北源是武当山的马拦河。两河流经保康县珠藏洞汇流成南河，再由东庄峪入谷城县境。南河一直是鄂西北神农架与外界进行物资交换的主要运输通道，被誉为"神农架的东大门"。川鄂古盐道上，大宁厂的盐经板仓、大九湖、松柏到阳日湾，在阳日湾上船，顺南河而下，途经房县、谷城，进入汉水流域，再到襄阳、汉口。阳日湾万寿宫的碑上有一段形容阳日湾的文字："房之南，山水颇奇，林木亦茂。而阳日湾距治百八十里，虽僻处乡隅，然南走宜施，西通巴蜀，东下襄樊，亦四处之要道也。上则汾水出焉，舟楫可通，而鼓水来其左，锣溪会于右，环流交入，涛声相应。又其关重嶂叠，水莫知其所出，但见烟光一片，佳气四合，甚胜境也。故海内客商多至此焉，吾乡之来此者，前后踵相接……"由此可以看出阳日湾昔日的历史地位。尤其是川盐济楚时期，沿南河两岸，会馆林立，商铺云集，河上百舸争流，阳日湾成为整个鄂西北地区非常有影响力的水运码头之一。

堵河线

堵河由西、南两条源流汇合而成。西源叫汇湾河，源于川陕交界的大巴山北境；南流叫官渡河，源于川、鄂交界之大神农架北麓，两条支源汇湾河与官渡河汇合后的河流被称为堵河。堵河有很多支流，其主要负责的是川盐销往竹山段的水路运输，以及将川盐送入汉江，再运销到老河口、襄阳、汉口等地。大宁厂的盐经过白鹿、向坝、柳林，在官渡河装船，沿河顺流而下，途经田家坝到竹山汇入汉水。堵河又是汉水最大的支流，在第二次川盐济楚时期，国民政府在官渡设立第八行政督查区后始建陨宁段（郧阳至大宁盐厂运务管理机构）及竹山县城、蒲段等分段，专司陨属6县食盐运输事务。同时陨宁段又是军需供应线，竹山设第五战区兵站总监部第二支部，专门转运军火。由于堵河上建了潘口水电站，该水电站设计坝高114米，坝顶长292米，水库正常蓄水位355米，导致上游的官渡、田家坝两个竹山最古老、最具文化底蕴的古村落被淹没在水下，只有在水位较低的时候，还可以依稀看见岸边的古镇遗址。

陆运线路

鄂西南

由长江边的万县、云阳、奉节、巫山盐运码头出发,向南翻越齐岳山脉,过利川、恩施到宣恩,再经咸丰、来凤、龙山、桑植、张家界、凤凰,进入湖南地区,与川湘盐运网络贯穿,形成遍布鄂、渝、湘、黔交汇地区的更大的盐运网络。这条与鄂西山脉走向垂直的盐道沿途崇山峻岭,靠人背马驮日行很难超过30千米,因此在鄂西的大山中,每隔一段就有马站供过往的客商歇脚。久而久之,马站便发展为附近村民赶集聚会的场镇(当地叫"赶场")。在这条纵向的盐道上,至今仍能看到许多这样的马站或场镇,由于盐道废弃,其大多已逐渐衰落,但从沿街的铺面、残存的庙宇、倒地的石碑和砖雕上不难想象这些场镇曾经的繁华。该线路上比较典型的场镇有:利川的老屋基、纳水溪、柏杨镇、大水井,宣恩的庆阳坝、板寮、晓关、沙道沟、两河口,恩施的太阳河、罗针田、团堡老街等。

鄂西北

鄂西北地处川东、鄂西、陕南三省交界处,范围包括荆山——武当山山区、秦巴山地和豫西南桐柏山地余脉。这里山高路险,地势起伏较大,远离大的长江、汉江等水运,故主要依靠陆运交通解决盐及其他商品的流通问题。川东云阳、大宁(今巫溪)、彭水各盐场与鄂西北山水相接,因此,川东盐贩翻越鄂西、陕南、川东的"南山老林""巴山老林",将食盐运销到鄂西北,经过若干年代的开辟和扩充,形成了整个鄂西北山区盐运陆路通道。

神农架古盐道由宁厂出发,沿大宁河顺流而下,经龙溪到大昌。在大昌转为陆运,经官阳、当阳进入神农架界;过自生桥下的草房街到大九湖,沿落羊河向北到东溪;再由东溪过阴峪河到板仓,继续向北经红举、三道街到官封。在官封线路分为两条:一条由钢厂坪经松柏最后到阳日,另一条由宋洛到阳日。

房县古盐道分为两条:一条由宁厂出发沿大宁河逆流而上,经谭家墩、猫儿滩到檀木坪;由檀木坪转为陆运到白鹿,进入向坝,由向坝到柳林后盐道分为两路,一路顺着竹山盐运古道到官渡,由官渡经中坝到高塘河再过门古寺,再经军店进入房县;另一路则由柳林乡的白沙峪到九道乡的南溪沟、卸甲坪；过卸甲坪到上龛，由上龛到杨叉河，再经军店进入房县。另一条则由大昌出发，沿神农架古盐道到大九湖，经瓦屋坪到九道乡的卸甲坪，再经上龛、杨叉河、军店到房县。

竹山古盐道分为四条："南大路"由竹山向南，从竹山城关镇沿水路过南门河、上菜园岭到田家坝；由田家坝继续上行到峪口、官渡；在官渡转为陆运至柳林到向坝进入巫溪界的白鹿，再由白鹿、檀木坪、猫儿滩到宁厂。南大路又叫"盐大路"，是竹山运盐的主要线路，抗战期间陨宁线上竹山到宁厂段就是这条路。剩下三条分别是由竹山向东，过霍山坡，经文峰、窑淮、界山到房县与房县运盐古道相连接；向西的"西大路"和向北的"北大路"都是利用川盐销往陕西的盐路，川盐运至陕西旬阳，再顺汉水而下到白河、郧县等地。

竹溪古盐道分为三条：第一条为"丰溪盐大路"，即从竹溪出发到鄂坪、泉溪，经泉溪分为两路，一路过丰溪到洞宾，再经洞宾到陕西镇坪县钟宝镇，最后通过徐家、白鹿、檀木坪，沿大宁河顺流而下到宁厂；另一路由泉溪向东经天宝、瓦沧、甘沟到桃源，再由桃源连接向坝，顺竹山盐道蒲溪沟、顺厚河、界岭到宁厂。第二条为官渡盐大路，由鄂坪经汇湾河到官渡，接竹山古盐道经柳林、向坝、白鹿到宁厂。第三条连接陕西古盐道，由鄂坪向西进陕西界，过白家到镇坪县，再通过钟宝、徐家、白鹿到宁厂。

从商周到明清再到中华人民共和国成立，鄂西北古盐道上的物资流通和文化交流从未停止过，它是历史上跨区域配置食盐资源的通道，促进了沿线经济社会的发展、区域文化的交融。可以说，川盐古道像血脉一样，串起了沿线大大小小的城镇聚落，实现了盐产地与沿线经销区经济和文化的交流。盐是沿线城镇和聚落经济发展的重要命脉，对集镇的兴起、聚落的发展、建筑的演进都有重要作用。同时，盐道也是该地区最早的对外交通要道，盐道形成的交通网，为封闭而落后的鄂西北地区打开了通往外部世界的一扇窗户。盐道不但促进了鄂西北地区与外界的物资、文化交流，起到了与外界沟通的桥梁作用，而且也为后来鄂西北的现代交通建设提供了一定的参考，对西南及华中地区的交通运输有着至关重要的意义。

鄂西南盐路图

川鄂古盐道的线路

027

鄂西北盐路图

神农架运盐线路图

房县运盐线路图

竹山运盐线路图

竹溪运盐线路图

川鄂古盐道遗址

秦巴古盐道遗址

秦巴古盐道是连接川、渝、陕、鄂的古盐运道路，南起上古盐都巫溪县宁厂镇，沿大宁河向北，入大巴山，过大河坝、白鹿、徐家、龙泉，翻大巴山主脊鸡心岭（今鄂、渝、陕三省市交界处）后，过瓦子坪、猫子庙，到陕西最南端的钟宝镇。运到钟宝镇的盐随后沿三条路被输往各地。第一条是顺南江河北上，过牛头店，经平利县、旬阳县、宁陕县，再翻越秦岭到达西安；第二条是西进化龙山，通过黄洋河入汉江到安康，再到汉中、西安等地。这两条盐道古时称为"山南盐道"，从大宁厂到安康，全程300多千米，从宁厂镇到钟宝镇也要100多千米。第三条路，沿南江河（湖北境内称堵河）往东北，穿神农架，到江汉诸地。

秦巴古盐道沿河流而行，垂直于山川，沿途艰险，只能靠肩挑背负。在秦巴古盐道上每隔一段距离都有一个观音庙，观音庙规模不大，只是在岩壁上凿出一个龛，龛内有观音塑像，供过往盐客供奉。

虎牙山纤道遗址

虎牙山，位于湖北省枝江市猇亭镇西北约3千米处的长江北岸。山体系砾质石灰岩构造，石壁陡峭，江水湍急，山下即虎牙滩，江水出峡至此进入江汉平原西缘。水位因地势海拔骤变形成较大落差，加之暗礁密集、水文复杂，给川鄂水上交通带来极大不便。《古今图书集成·山川典·江部汇考三》载："舟行至此先避虎牙而南，复避荆门而北，横流湍急，悬崖千丈，非乘风奋楫，舟莫能进。……惟虎牙不可上，乃渡向南岸，由荆门而上，是虎牙更险于荆门也。"直到纤道开出之后，航运困难才有所改善。

秦巴古盐道
观音庙近景 | 盐道上的观音庙

虎牙山纤道始凿于清代。清同治四年（1865年）《宜昌府志》载，康熙五十三年（1714年）荆州知府于悬崖中开辟纤路，垂铁索、石柱，以资攀援。《重修宜昌府虎牙滩碑记》记载了重修的原因有四点：即"府治所载昔修南岸纤路与北岸链索，便民之具久已隳"，纤道年久失修；"郡为川楚要津，贾舶商艘云集齐至"，为使商船安全通行；"军兴增盐厘，两榷征税济饷，军无缺乏"，为镇压太平天国运动和农民起义提供军费；"昔称崖疆，设兵以为镇守"，这是防务上的应急措施。其中主要原因还是为了保证盐税收入，提供军费开支。两湖盐税的主要征收对象是盐商中的运商，因而航运安全问题对于盐税来说至关重要。川盐行销两湖，也只有水上运输才能解决货运问题。陆路交通过于艰难，使得虎牙山纤道具有举足轻重的作用。同治七年（1868年）以后，川盐在湖北挤占淮盐市场。为了各自利益，曾国藩与湖广总督李瀚章发生争执。李瀚章支持川盐是因为川盐不像淮盐短斤少两，能够保证盐税收入。因交通不便，川盐唯有航运出峡销售，才能使产销两旺。虎牙山纤道在川楚盐运中具有重要地位。

目前，虎牙山纤道早已废弃，但它在我国航运史、水利史、建筑史、盐业史上具有一定的地位，应当得到人们的重视，其目前已成为长江水上交通的著名遗迹。

附录碑文：

重修宜昌府虎牙滩碑记

□□□□□虎牙滩□□山川□险，使斯民跋涉艰难。乞不恤民欤？将以恤之道任于为民，上者也。明哲君子因时制宜奠山川，俾义斯民者，自古存焉。若夫随山刊木之圣，降及凿石门，以开道路，皆此道也。

宜昌郡东南五十里，二山相对如门——古荆门也。北岸多石，粼粼如牙之参差，凝结成巨滩。岷江之势若建瓴，过此愈急。舟不易上，行旅震怖，如覆虎尾，名虎牙。其志畏欤！郡为川楚要津，贾舶商艘云集齐至。军兴增盐厘，两榷征税济饷，军无缺乏。昔称崖疆，设兵以为镇守。

············

竹缆如遇应行更换及修补之处，责令守滩驻船之人报之首士验明票局，随时修补更换。行船至滩如遇险恶，红船救护不准擅取分文，准由首士酌予给赏，倘敢疏虞，即行究惩。红船月工及富修滩缆添补更换等费，按季由宜局支发，首士具领应用，年终开报。如本款生息，支用盈余，汇存备用；倘支用不敷，另议筹补。

大清同治十二年□□癸酉仲夏月谷旦。

猴子石驿站遗址

猴子石驿站遗址位于神农架林区木鱼镇猴子石保护站东200米处。原建筑建于明末，到20世纪70年代老屋尚存。由于老屋破损严重，1978年为建林区旅游点拆除了原有的老屋，在原地重建了一栋仿古建筑，并在门上挂了"古盐道猴子石驿站"，供游客参观。

三道街关帝庙及古盐道遗址

三道街关帝庙遗址位于神农架林区红举村古盐道驿站西80米。房基尚在，庙宇建筑已毁，现有道光年间修建关帝庙时的石碑一块。据当地老人介绍，关帝庙香火曾十分旺盛，盐商、盐背子从这里路过，都要上香烧纸祈求平安，求福免灾。据当地73岁的周禄基老人介绍：在他小时候，三道街还很热闹，房屋从远望寺到关帝庙鳞次栉比，有半边街，也有对河街，那个时候三道街有3家盐行，驮盐的骡马多达300匹，其中谭姓人家就有99匹骡马。三道街是川盐销往鄂西北的一个巨大的集散地，从大宁盐场运来的盐，由此再运往阳日、房县等地。

川鄂古盐道上的聚落

鄂西南

纳水溪

古镇概况

纳水溪古村落位于鄂西恩施土家族苗族自治州，地处云贵高原东缘武陵山余脉和大巴山之间，行政隶属利川市凉雾乡。古村落平均海拔约为1 200米，依山傍水而建，建筑沿等高线方向逐层跌落分布在各层台地上，农田主要分布于两岸坡地上，形成自然的山地梯田。纳水溪绕村蜿蜒而过。数百年来，纳水溪一直是当地重要的商业场镇，也是古商道上的重要驿站。明朝时期，镇上设有土司衙门，归属忠路宣抚司。当时，古镇上的土司权力很大，自掌生杀大权，在这个衙门审理的案子无须上报。清雍正十三年（1735年）"改土归流"后，在古镇上设乡公所；清乾隆年间，纳水溪古镇设场，名丰乐场；清朝咸丰初年实行"川盐济楚"，纳水溪古镇成了运盐大路上的一个驿站和商品集散地；清光绪十年（1884年）定名为纳水溪场。由于清朝及后期的"行盐"贸易和物品流通交换的需求，这里逐渐发展成为定期赶场的集市，并最终成为土家族聚居村落。

古镇建筑

纳水溪古村落建筑依山临水而建，房屋布局灵活自由且完全顺应了自然地形。纳水溪的商业主街分为"上街"与"下街"两部分，以"纳水关庙"为界限，其北为"上街"，南为"下街"。主街两侧临街建筑出挑一步或两步架，出檐宽1.2～2米，形成宽敞的檐廊，鄂西地区称其为"凉亭子"。街心顶部空间是完全遮蔽的，出两侧建筑至离地约3米高处伸出横杆，并在其上架起简易"屋架"，之后搭盖木板、瓦片形成顶盖，便形成了独具特色的"雨街"模式：屋—檐廊—街—檐廊—屋。古村落的核心部分集中在商业主街道上，街道两旁临街的店宅是其赖以生存和发展的商品、贸易交换的集市所在。这是一条约有500年历史的商业主街，两侧的住户临街设店，建筑体量尺度不大，最高为2层。现在留存的街巷已经没有了过去老街的顶盖，也就是街道中间没有了雨棚的遮挡。曾经老街的旧路是泥土铺成的，而今已经变成了水泥石子路。

纳水溪古街道

纳水溪古村落面积不足0.5平方千米，建筑整体布局有序，建筑品类众多。古镇的房屋大都是明清时期的木结构建筑，出檐深远，一般为五柱二骑（5根柱头有3根落地）、七柱二骑（7根柱头有5根落地）或十一柱、四列三间的穿斗式梁架，采用多种雕刻技艺进行装饰，如花格窗、雕花枋匾等。

古村落街道上的建筑紧依古道而建，两侧立面具有很强的连续性，其材料与色彩统一和谐，具有很强的空间围合感。特别是建筑门窗立面较有特色，建筑沿街立面的门窗有两种形式，一种是可全部拆下的实体木门板，常用于商业建筑，拆下门板就能满足通风采光等需求，同时也增大了室内外的交换空间；另一种则是部分采用实体木板，设花格窗，部分可开启，部分固定，可开启的窗下设柜台，直接与外界进行交换活动。

老街现存的传统建筑主要有关庙、红三军司令部、天主教堂、禹王宫、亭子楼等。其中保存最好的是关庙。关庙建于明代，全木结构，建筑面积约2 700平方米，是村民们开展宗教活动和民俗文化生活的中心所在。基址系青砂条石垒砌，建筑除戏楼外均为单檐悬山屋顶（戏楼为单檐歇山瓦顶），穿斗与抬梁混合式屋架。瓦脊和檐角高翘，正殿上悬挂着"忠义参天"匾额，殿里供奉着刘备、关羽、张飞、财神和观音的塑像。大殿对面是戏楼，雕刻装饰精致华丽，有演出时，三方的窗户可以拆卸，方便人们观看。关庙平面由三进院落组成，采用中轴对称的布局形式，轴线上依次排列着山门（戏楼与之合二为一）、大殿、正殿、后殿，并用跨院（小天井）相互连接。戏楼的戏台为单面凸出的三面观的形式，戏楼与大殿前面的院坝及两侧的厢房共同组成了一个"合院式"的观演空间。门楼面阔三间，进深一间，大殿和正殿都是面阔五间，其中用于祭祀仪式的只有中间尺寸较大的三个开间。由于人为损坏和自然力的侵蚀，关庙现仅存前面一进，后面两进早已被损坏。

关庙

下街立面

民居

街道供销社

川鄂古盐道上的聚落

1933年10月20日,贺龙率部队到纳水溪召开群众大会,宣传中国共产党的主张和中国工农红军的政策、纪律,并将大地主的粮食和财产运到关庙,分给了贫苦农民。在纳水溪古镇关庙的大门上方,有一块"红三军军部旧址"的牌子。关庙戏楼上,也有关于红三军在纳水溪活动的简介。其他建筑如天主教堂在大办公共食堂的年代被拆毁,现今只留下增设在土司衙门里的经堂。关庙戏楼的双狮、庙宇上的角鳌以及其他建筑雕刻装饰艺术品都在"文化大革命"期间被拆毁、焚烧,大殿先被改建成大礼堂,后被拆建成学校、村委会办公室。禹王宫被毁坏,只留存亭子楼部分,是当初大地主为讲气派而修的。

古镇风俗

纳水溪村民长期居于物产丰富、景色怡人的山水之间,形成了独特的民俗风情。纳水溪村世代相传的习俗主要表现在"赶年"和"赶场"两类活动中。在纳水溪村的各种节庆里面,"赶年"最为隆重。与其他地方不同的是,他们的年夜饭早了整整一天,称为"过赶年"。纳水溪村过年的典型活动有杀年猪、熏腊肉、磨豆腐、打粑粑、炒炒米等,家家户户在除夕夜之前就要为过年做好充足的准备,置办好年货,迎接新年的到来。在大年三十的晚上,他们还要以不睡觉的形式进行"守岁"。正月十五那一天,人们在自己家里围在一起吃汤圆,寓意团团圆圆的幸福生活。纳水溪村的商业主街道逢农历每月一、四、七日都格外热闹,当地人称为"赶场"(赶集),到时周边各个地方的人都来这里进行贸易。据说以前还有马帮会路过此地。纳水溪村村民多为土家族,很多人没有自己明确的宗教信仰。他们以前普遍崇拜祖先,迷信鬼神,大部分人遵从道教的一些信仰,因此形成一些特殊的禁忌和崇拜,如大树崇拜、大山崇拜、白虎崇拜、禹王崇拜、关帝崇拜等。现在,随着科学文化知识的普及和传播,这些信仰越来越少。

庆阳坝

古镇概况

庆阳坝地处川、鄂、湘三省边贸的交通要道,古有"川盐古道""骡马古道"从此经过。特别是两次"川盐济楚"时,川盐经济带动了整个巴蜀地区的贸易发展，长江沿岸码头西沱、云阳、万县的川盐都要经过庆阳坝陆运至鄂西。在肩挑马驮的年代，由于山路艰辛，驮夫们日行不过30千米，因此，在鄂西的古盐道上，每隔15～30千米就有一个歇脚的驿站。久而久之，这些驿站逐渐成为附近村民赶场的街肆。庆阳坝便是这类曾经遍布鄂西大山中的街肆的典型代表。商贩整日川流不息，骡群马帮成群结队。

古镇建筑

（1）凉亭街。凉亭街由两条街道交错并列形成，以街面、巷道和桥梁贯通，集土家族吊脚楼和侗族凉亭架于一体，为木结构梁架式民宅街道。老街长500多米，宽20多米，靠山面水而建，占地面积1.82公顷，两侧总建筑面积11 780平方米。主街道两侧建木结构瓦房，传统建筑完好程度为80%，现保存完整结构房屋65栋，排成两条，间隔5米相对而立。在长期的发展中，这里形成了"三街十二巷"，三街为呈"品"字分布的三条街道。临街面为商铺，临溪面是吊脚楼，整条街"檐搭檐"，"角接角"，首尾相连，一气贯通，防风避雨，冬暖夏凉。

一座古老而低矮的风雨桥横跨老街北侧的老茶溪，成为进入老街的南北通道，但老街居民更习惯于叫这座风雨桥为凉亭，因为"凉亭街"就是因此桥而得名。

（2）风雨街与吊脚楼。庆阳坝凉亭街融合了吊脚楼和风雨街的建筑特色，二层基本不设围护结构，只有穿斗式屋架裸露在外，由一个大屋檐遮风避雨，因为通风日照良好，二楼成为居民晾晒的好地方。地板和墙面全是木材建成，所以整个建筑通透而体态轻盈。由于历时久远，吊脚楼的柱"脚"部分倾斜，呈现出古朴的美感。

（3）燕子楼。燕子楼与吊脚楼相似又有所不同。在沿街的商铺或入口的堂屋处也做成两层通高，顶上铺玻璃亮瓦，类似现代建筑中的采光中庭，后面沿河的卧室部分底层架空，二层用隔板隔成阁楼。由于中间空出的部分高度大，通常达到9米以上，使得堂屋空间开阔不压抑。燕子楼部分空间低，一般用来烤火或作为卧室。燕子楼前后高低有致，是凉亭街的一大特色。

凉亭街远景

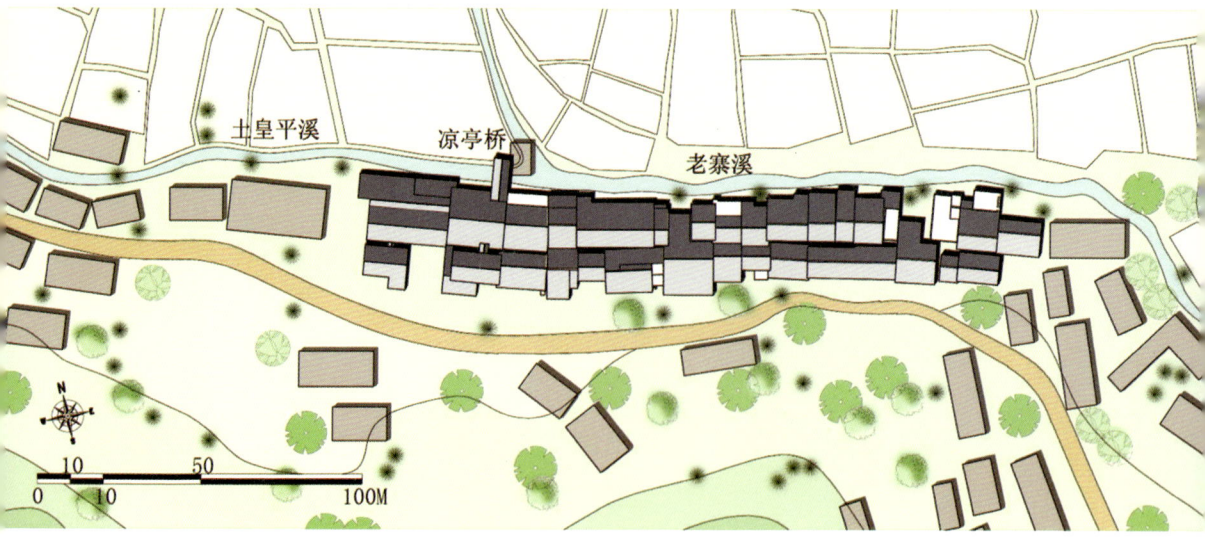

凉亭街总平面

凉亭街鸟瞰

凉亭街鸟瞰

风雨桥 | 沿河立面

雨天赶场

| 湿街（不盖顶） | 干街（盖顶） |

过街廊

干湿街过渡空间

古镇风俗

由于山区阴冷，庆阳坝的土家人都有冬天烤火的习惯。火塘所在室内地坪高出堂屋20厘米，在地下埋风道通到墙脚，形成"地烟囱"。"地烟囱"周边铺木地板以利于通风散热，防潮防湿。火塘上通常挂着几吊黢黑的熏肉。由于山里只有逢年过节和红白喜事时才杀猪，鲜肉难以直接保存，只有通过烟熏火燎才得以不变质。火塘不仅可以熏制食品，还能熏蚊、驱虫。屋架、楼板经烟熏后可免遭虫蠹的破坏。另外还有消防，村中每家院子都有水缸，水缸里的水自山上流下，由于缸满后水自动流到外面，不需要人工清换。这里的建筑大多是木结构的，所以防火尤为重要。为了自救快，居民大多在自己家中设置简易的"消防储水池"以防不测。而且由于街道很长，所以每隔一段就有一条通到河边或旁边的巷子，当地人称"火巷"。着火时，人们可以通过火巷迅速从封闭的街巷中逃到室外空旷地。

老屋基

古村概况

老屋基村位于利川市忠路镇，因第三村民小组老屋基的清代老街而得名。清乾隆年间，马、黄、覃等姓在姚家河与郁江交汇处造房安居，形成街坊。清光绪年间，邑人用麻条石铺成长1 100米、宽6米的鱼背脊街面。老屋基，即祖居地也。继清乾隆年间马、黄、覃姓人家之后，当地人沿河依坡建起纯木结构的吊脚楼。经数年，居者逾百，渐成市。逢赶场日，十里八村乡民或以物易物，或以山货换钱，人呼马叫，甚为壮观。旧时某夜，驿馆失火，烧三天两夜，百余房屋尽焚。居民含泪重建，为后人留下一街老屋。现存木质建筑（吊脚楼）66间，建筑面积3 500平方米，多为民国年间火灾烧毁后重建而成。

老屋基街道

古村建筑

老街不长,千余米,6米见宽。老街与新街截然分开。与新街相比,老街地势略低,依靠屋顶的坡度和高低起伏的变化形成了优美的轮廓线。两侧建筑一层或二层多已残破,不同尺度、样式的木格窗、门框或歪或倒,只有屋顶上的青瓦依旧。早先土司只许居民建屋盖杉皮、茅草,并说"只许买马,不准盖瓦"。清雍正十三年(1735年)"改土归流"后,这些地区才兴盖瓦。现在住人的老房子,前几年统一覆了瓦。

张秀祥是老街原住民,他的房子就在街中间。宅甚宽,正屋横排四扇三间,三柱六骑建筑。虽无雕梁画栋,但檐角高翘。前后房连接处有麻石天井排水;楼三层,阁有四,内有木梯绕梁。兴旺时一家住有14人之多。

站在郁江河谷边,流动的江水与单调的街面形成鲜明对比。依坡而建的老屋,有的虽已檐断瓦落,但临江的吊脚楼式建筑却相互竞秀。单吊、双吊、两层吊鳞次栉比,有的依山顺势,层叠而上;有的绕弯拱脊,错落有致;有的背山占崖,居高临下,其"占天不占地""天平地不平"的架空、悬挑、掉层、叠落等技术手法处理出的流动视觉给人一种浪漫情调。

老街的道路中间高、两边低,被称为"鱼背脊"石板路。自有了老屋基就有了石板路。路面由万块青石砌就,路中有水道与郁江相通,千块径宽1米的麻石形如鱼背脊拱于路中,将水道遮得严丝密缝,百年未损。

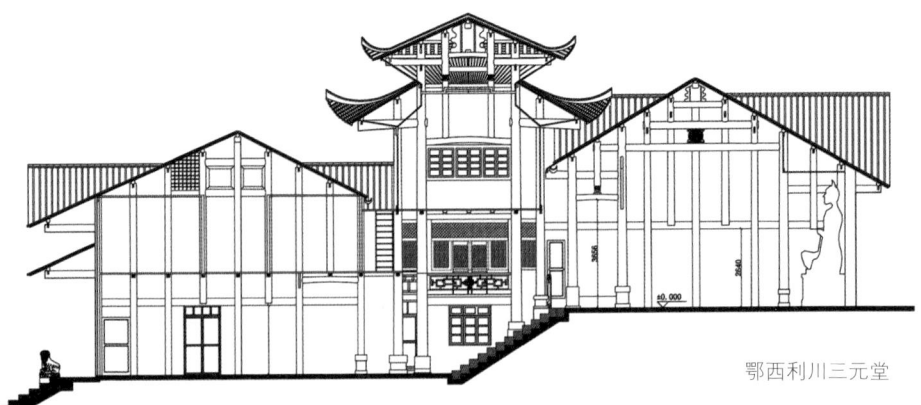

鄂西利川三元堂

三元堂

老屋基民居

彭家寨

古村概况

彭家寨位于湖北宣恩县沙道沟镇东南，属武陵地区，由8个土家族、苗族山寨组成，主要沿龙潭河分布，其中土家族占80%，村寨居民共45户，250多人。彭家寨居民大多数由湖南怀化顺酉水迁至此。酉水被誉为土家人的母亲河，而这一流域也是吊脚楼分布最密集的地段，自古是土家族重要的商运通道，大量的盐、木材、桐油、生漆由此运至洞庭湖再进入长江，特别是明清两朝，大量湖南移民顺这条水运商道进入鄂西谋生。

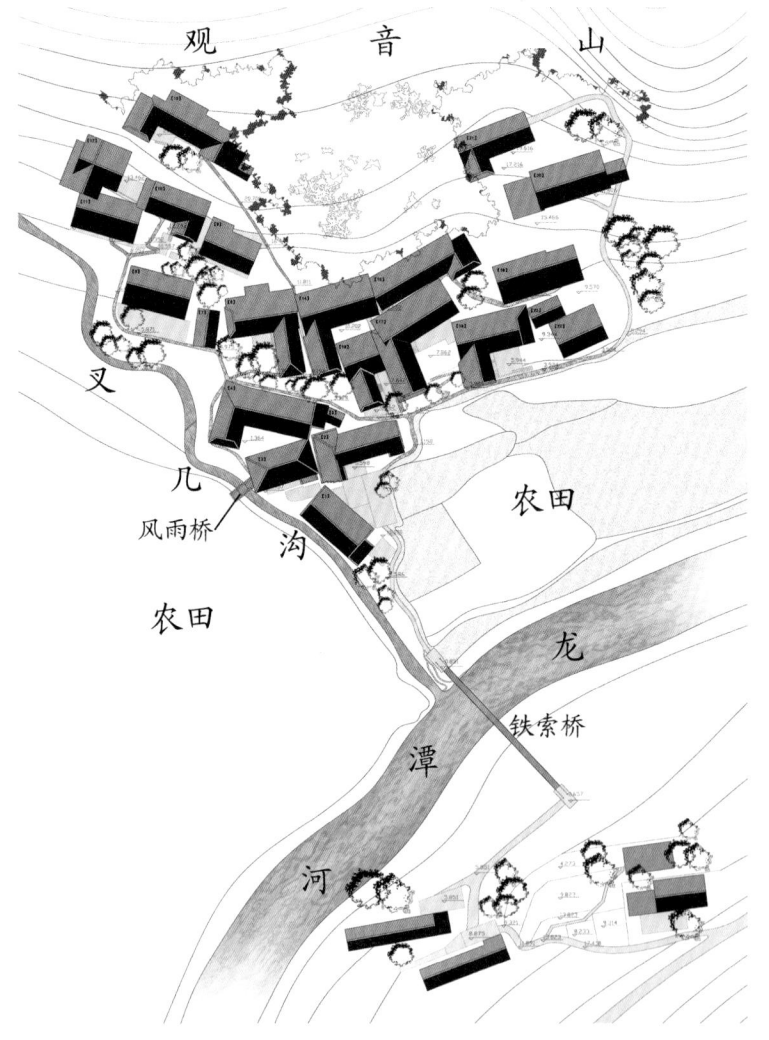

彭家寨总平图

彭家寨吊脚楼群全景

建筑特色

彭家寨房屋大多坐西北朝东南,每栋自成体系,面积几十到几百平方米不等,由"座子屋"和"龛子屋"组成。"龛子屋"为厢房,又叫"楼子屋",是吊脚形式。有的用上下两层龛子相围,形成三层空间,底层或用于村落小道,或用于圈养牲畜。台阶、院坝、道路铺以青石板,顺山势往后层层高起,石阶巷道窄小,纵向深远,顶部往往有屋檐深挑,可以遮阳避雨。

"座子屋"为正屋,大多一明两暗三开间。"座子屋"由干栏式建筑演变而来。在彭家寨,干栏式与井院式建筑结合形成多种形式,有单吊式、双吊式、二层吊式、三层吊式、平底起吊式、"一"字吊式。单栋吊脚楼最为普遍,属木结构穿斗式,由柱、骑、梁、枋、檩组成骨架。柱下垫柱墩,梁上覆椽皮、布瓦。将柱和骑简用枋纵"串联"组成立贴,当地人把立贴称为"排扇"。两排扇用枋穿斗,柱间装木质板壁,按需要组成各种大小不同的空间。

"座子屋"一般为两层,底层中间一间为堂屋,后壁设神龛,供奉神仙和逝去的先祖。堂屋大门为对子门或六合门,二楼枕枋上不装板壁,显得高大亮堂,木柱暴露于外,主人在重大事务和年节时贴上大红对子。堂屋两边的房屋一分为二,后间为长者的卧室,前间设火塘屋。

龙潭河边的吊脚楼群

凫子

山地院坝

吊脚下的牲口圈	屋檐下
六合门	挑檐

屋顶鸟瞰

石阶

火塘上烤熏肉

古村风俗

火对于土家族人的生存具有重大意义，房屋建成入住前，一般都要"请火"。长方形的炕架上挂着伸缩自如的炕钩，火塘上架铁铸"三角"，上放双耳带系的罐烹煮食物。土家人的火炕上不设烟囱，烟自然升起，熏烤悬挂的腊肉，也使屋顶木构架罩上一层烟灰，起到防腐防蛀的作用。

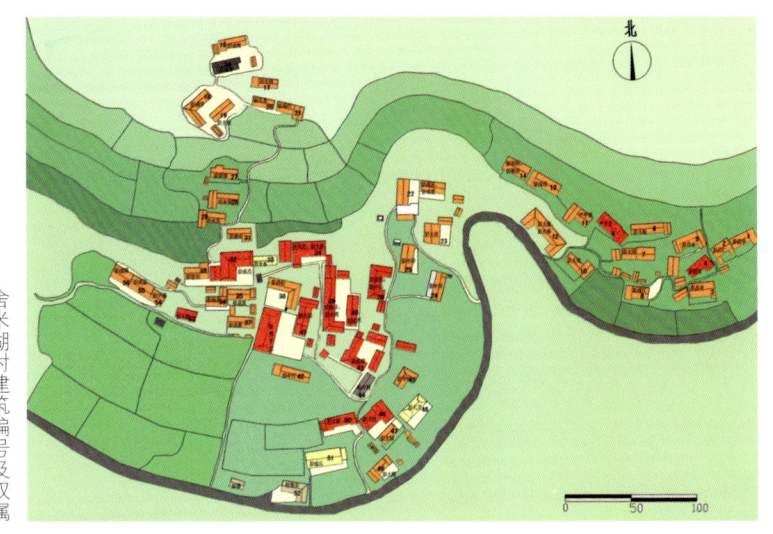

舍米湖村建筑编号及权属

舍米湖

古村概况

舍米湖位于湖北省西南角来凤县百福司镇东南方，距百福司镇15千米，距来凤县城50千米，东与湖南省龙山县桂塘坝接壤，西南与重庆酉阳隔山相望，是一脚踏三省的地方。舍米湖共有6个村民小组，181户，608人，其中土家族彭姓占总人口的95%。据村里的老人讲，他们都是唐朝末年迁居此地的彭姓先祖彭相龙的后代。

古村建筑

舍米湖古村落的形成始于清朝时期。整个村落有70栋建筑，除平房3栋外，其他的都是木质建筑。其中建于清朝时期的现存2栋，建于民国时期的现存2栋，建于1949年后至1980年的现存45栋，剩余的均为1980年后所建。

清朝和民国时期的建筑多出现屋架歪斜、瓦面局部垮塌现象，其余建筑保存完好。在古村西方神堂堡上有一摆手堂，始建于清顺治八年（1651年），向南，面阔三间，屋墙及院墙为青石板砌筑，堂屋神龛供奉彭公爵主、向老官人、田好汉三塑像。摆手堂是土家族用于祭祀祖先、祈求五谷丰登和人畜平安、驱邪消灾、跳摆手舞的"廊场"，土家人称"神堂"。

古村自神堂堡向东分布着坪里、里头和磨刀湾三个片区。坪里片区建筑分布面积广且集中，片内建筑依山而建，层层叠叠，错落有致。里头片区建筑成带状分布，除彭大文民居、彭大治民居、彭大丙民居共处青石板院坝，在同一高度和同一平面外，其他房子相互独立地选择住宅地基和朝向，依山而建，分布有序。磨刀湾片区建筑分布面积不大但集中，大多南向，呈台阶式分布。

整个古村民居建筑主要由正屋组成，少数由正屋和吊脚楼组成，另外配以少量附属建筑。正屋的固定形式大多为面阔三间，仅1栋是面阔五间，单檐悬山式屋顶，上盖小青瓦。部分正屋单侧或两侧设吊脚楼，与正屋成直线或直角排列，平面布局成"一""L"或"U"字形，采用单檐歇山式屋顶，飞檐翘角。正屋平面布局明间为堂屋、次间为卧室，堂屋是全家共有空间，家里的重要仪式如祭祀祖先、结婚、丧葬等都要在堂屋中进行。堂屋正面墙上设有供奉祖先牌位的神龛。厨房设有火塘，用来烧饭。正屋台阶以条石砌成，院坝绝大多数为青石板铺砌。民居为榫卯穿斗结构，大多为三柱四骑，四柱六骑次之，还有少量五柱四骑、五柱六骑、五柱八骑。

古村风俗

舍米湖是典型的土家族古村寨，保留了土家族的各种文化习俗。村内吊脚楼至今都在沿用，土家族的婚丧嫁娶、信仰、风俗等在吊脚楼内演绎。一部吊脚楼的历史就是一部浓缩的土家族民族史。舍米湖摆手堂是中国现存最早的摆手堂之一，被誉为"神州第一摆手堂"。摆手舞是土家族人民千百年来所创造的精神财富，是土家族在一段漫长的历史阶段里社会生产发展的缩影和艺术性的表现，它的产生、发展伴随了土家族这一民族共同体的共同语言、共同地域、共同经济生活和共同心理素质的形成全过程，是土家族民间文化的综合载体。

摆手堂内部

"一"字形民居

"U"字形民居

「匚」字形民居

埂上民居

台地民居

古村山路

川鄂古盐道上的聚落

061

利川大水井

古村概况

大水井古建筑群坐落于利川市柏杨坝镇的莽莽群山之中，始建于明末清初，是长江中下游目前规模最大、保护较好、艺术价值极高的古建筑群，集西方建筑与土家族建筑特色于一体。整个建筑群由李氏宗祠、李氏庄园和高仰台的李盖五宅院等三部分组成。

古村建筑

沿着宽阔的青石板路拾级而上，映入眼帘的便是翘角凌空的朝门庑殿顶和"青莲美荫"四个大字高高悬挂于门楣的李氏庄园，李氏攀附李白为祖先，借扬身份不俗。庄园前院更是气度不凡，极尽创意，200平方米的院坝全用规格统一的平板青石铺就，前廊拱券，欧式方柱粗壮挺拔，雕凿精美，堆塑华丽。两侧吊脚雕梁画栋，可谓匠心独运，土汉结合，中西合璧。沿庄园中轴线从前至后、由低到高排列着三大殿，为建筑主体，两侧屋宇相连，天井密布，一室一景，阁楼呼应，气象万千，令人叹为观止，流连忘返。可惜好景不长，李盖五辈因兵匪之患不得不举家重返大水井，凭借天险和固城拒敌，以求守住和延续李氏土司的辉煌与荣耀。

李氏庄园

大水井古建筑群

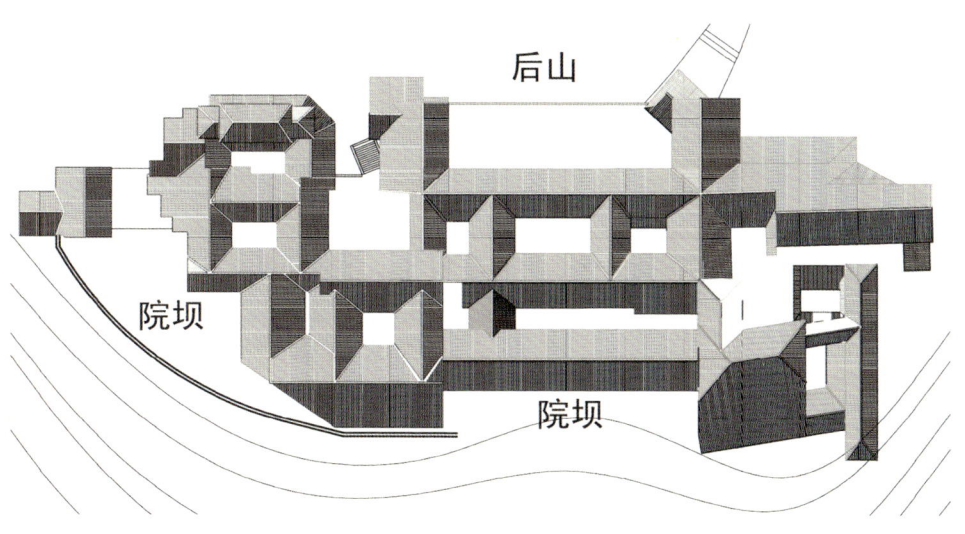

大水井古建筑群总平面

大水井庄园

李氏庄园天井

青莲美荫

李氏庄园

李氏庄园屋梁雕花

欧式方粗柱

李氏庄园天井

高仰台

高仰台内庭

高仰台大门

高仰台天井

高仰台内庭

鄂西北

谷城城关老街

古镇概况

谷城老街地处鄂西北山区,扼江汉之要津,是汉水流域较大的港口之一,在历史上曾是鄂西北的一个繁华重镇,同时也形成了以中码头为核心,汉水、南河为水路重点,沿南河并行的老街为陆路中心的沿河商贸中心。老街历史街区位于谷城县城东南部,地处汉水支流——南河北岸,总面积约4.56平方千米。老街历史街区形成于宋元年间,由于位于谷城县城前往南河码头的必经之路上,随着商贸的发展,在明清时期成为整个谷城乃至整个鄂西北的山货和矿产通往外界的集中地,又是外界商品货物返销鄂西北的重要通商口岸,可以说是一个规模相当大的商贸、交通枢纽。改革开放以后,随着水路交通的荒废、陆路交通的崛起,老街一带才走向衰败。

历史街道格局

老街历史街区曾是繁华的集镇,整个集镇的形成起源于南河边上的上、中、下三个码头。随着货物运输量的增加,原先几条通往码头的道路两边的商住户渐渐密集起来,形成带形聚落,并逐步横向发展,开辟新的道路。街区道路两旁的住户基本采用前店后宅的居住形式,商贸交易日趋繁盛。直到明清时期,街区成为整个鄂西北最为繁华的大型商贸集市之一。由于整个形成过程都是自发的,街区的格局并不规则。现在留存下来的老街街区中,中码头街、老街和后街分别伸向南河的三个码头,是整个历史街区的主要街道。过去,在街区的商贸鼎盛时期,白天家家户户除去门前的挡门板,打开门来做生意,更有五湖四海的流动商人在街上吆喝交易,非常热闹;而到了晚上,收起店铺,自家退居屋中,老街便呈现出祥和安宁的生活气息。老街将过去商住混杂的街区特点表现得淋漓尽致。

谷城老盐店

房屋及细部

谷城税务局

建筑特色

谷城老街历史街区整体保留了明清时期鄂西北传统民居的风貌特征，兼具北方民居的朴实和南方民居的秀美。现存建筑多为前后多进的砖木结构街屋住宅。街道宽约3米，原来的青石路面如今已被水泥地面所代替，其建筑布局多为前店后宅。为了扩大商铺的使用面积，街区许多民居都采用第一进明间小、次间大的模式，到了第二进才恢复明间大、次间小的传统民居形式。一般老街街区民居的第一进院与第二进院落之间设置塞墙，将公共活动的店堂与私密空间的寝院分离。塞墙之上开有院门，是家庭后院的主要入户门，住户在此门的装饰上大做文章，精雕细凿，极尽工巧。除了民居之外，因为老街是非常繁荣的商贸交易中心，来自各地的商人云集于此，有会馆、税务局、福音堂等，散落在街区各处。同时为了保佑行商商人一路平安，街上还建有三神殿供人祈福。

二进天井院

三神殿

谷城老街历史街区是明清时期因水路交通而形成的围绕货运码头发展的集市空间，是当时整个鄂西北地区的商贸重地和鄂西北地区最大、最完整的民居群落。经历了从明清至今五百年的洗礼，如今大部分老宅年久失修，且当地居民随意搭建新的建筑，对整个街区的原始风貌破坏较大。

南河

阳日湾古镇

古镇概况

阳日湾位于神农架东部,距松柏镇 24 千米,在神农架林区政府成立之前一直都是整个林区经济中心所在,因此也被称为神农架的东大门。明清时期,贯穿神农架全境的经济大动脉川鄂古盐道也是以阳日湾为起点,穿过大九湖再到巫溪。从巫溪大宁厂背到阳日湾的川盐,再由南河上船,运到谷城、老河口和襄阳等地,因此阳日湾成了鄂西北重要的川盐集散地之一。阳日湾因其地势开阔、日照充足而得名。关门河、洛溪河、古水河在阳日湾的柏木坪汇聚成浩荡的南河,由关门河、洛溪河、古水河带来的泥土冲积成的扇形平地,成为阳日湾人赖以生存的家园。

古镇建筑

由于依南河之便的交通地理优势,阳日湾在古时便是鄂西北非常繁荣的几个城镇之一。这里建筑林立,有净莲寺、万寿宫、三间书院等大型古建筑,由于种种历史原因,现仅存三间书院。

净莲寺相传建于距今 1 000 多年前的唐朝。寺建成后,在金凤岭很是风光了一段时间。据说那时人涌如潮,香火鼎盛。

后来净莲寺虽然被毁坏，但又经过多次修葺，直至清朝末期，保存得仍然完好。民国初年，因一场大火，千年古寺化为灰烬。随后，当地百姓捐资在净莲寺古墙断壁的基础上进行过一次大的修复，后因战乱频繁，此寺又遭摧毁。净莲寺后殿山墙上，曾顺脊镶嵌着二龙戏珠砖雕。20 世纪 80 年代，阳日湾有一农户在后殿挖出一块高 60 厘米、宽 55 厘米、厚 30 厘米的砖雕龙头。龙头呈灰黑色，刻画细致精巧，造型雄健威武。经考古专家鉴定，这尊龙头出自唐代工匠之手，为研究净莲寺早期建筑艺术提供了重要资料。净莲寺在阳日湾历经千年风霜，见证着阳日湾沧桑巨变，它是神农架地区目前发现的建造时间最为久远的寺庙。

万寿宫位于关门河南岸，因是迁居于此的江西人所建，又名江西馆。万寿宫的每块墙砖上都有"江西"二字，它不仅是江西同籍人议事的地方，而且也是一所学堂。万寿宫年久被毁，现在仅存一通石碑，为清道光八年（1828 年）建宫时所立。碑上刻有"阳日湾江西万寿宫碑志"字样。碑文详细记载了阳日湾自古以来的地理、交通、商业等情况。

武昌会馆又称三间书院，位于关门河北岸老供销社内，与万寿宫隔河相对，古有川鄂古盐道运盐码头在房前，是阳日湾目前仅存的保护较好的古建筑。书院的建筑由东、西厢房，东、西耳房，戏楼及门楼组成，东西宽 48 米，南北深 41 米，占地面积约 2 000 平方米，是湖北地区典型的四合院古建筑群落。道光十七年（1837 年）九月，武昌同乡会与阳日湾有识之士共同修建三间书院。书院落成时，时任湖北省学政的孙为曾赠送"冬雪春晖"匾额，以示恭贺。三间书院的每块墙砖上，用魏碑体刻写的"武昌"二字依旧清晰有力，这也是人们叫它"武昌会馆"的原因。

近年来，神农架地区文化部门对三间书院大殿进行了全面维修，一向落寞的三间书院又焕发出青春活力，前来观光考察者络绎不绝。如今，三间书院已成为湖北省文物保护单位。

阳日湾供销社

供销社背面

军马铺老街

军店镇总平面图

军店老街

古镇概况

军店老街位于房县以西 11 千米处。老街分为两个部分，军马河北为下店子，军马河南为军马铺。公元 684 年，唐中宗李显被武则天贬至房县，曾在此屯兵，故称"军马铺"。由于军店上通川陕、下系汉水，川、陕、鄂、豫过往商客常在此歇息，故街又名"下店子"。后将"军马铺"和"下店子"合并称为此"军店"。

军店是鄂西北古盐道上连接房县的陆运交通枢纽和商贸中心，是川盐古道鄂西北线路网上的重镇。在川盐济楚时期，盐贩从四川挑过来的盐在此交易，并把当地的棉花、土布换回四川。大部分盐工把盐运到这里就不再继续向前走，而是由当地人继续向下运销至房县的各个地区。这一时期，军店镇过往行人川流不息，与外地的商业往来频繁，各大商号林立，其中最大的商号莫过于主要经营盐业和杂货的"吴福泰"号。

军店整个聚落的发展历史主要分为四个阶段：唐代，在房山东段盘峪河口有一店房称下店子，在房山的西面有朝廷设置的铺驿，供军马在此歇息，称"军马铺"，军马铺和下店子在此基础上逐渐形成。但当时，这里仅作为朝廷传递文书的必经之地，出现的小店也只是为来往信使、官员提供歇宿、换马、吃住，还未形成集镇。到明洪武后，大批从陕西等地迁来的移民使这里的农业资源得到了初步开发，手工业也有了初步发展，对外贸易活动逐渐频繁，外地商人来此收购土特产品，本地少数富户也开始前往蜀地经营盐业。经济的繁荣，人口的增长，农业、商业的发展，使军店古镇逐步形成了军马铺和下店子两个集贸市场。到清末民初时，这里除资本较大的纯商户外，还有不少半农半商或半工半商的居民，此时，街道上是家家经商，店铺林立，并在道光年间，于两集镇之间修建了显圣殿，从而将两处街道连为一体。随着"川盐济楚"政策的颁布以及商贸的发展，军店成为整个房县乃至整个鄂西北盐业和山货通向外界的重要集散地。抗日战争期间，大批移民的到来使之更为繁盛。盐业经济昌盛，贸易繁荣，聚落的发展达到鼎盛，聚落形态基本定型。新中国成立后，随着抗战移民的迁回，军马铺老街逐渐没落。到改革开放期间，由于新的陆路交通的偏移，河北的下店子老街也走向衰败。目前下店子老街整体面貌保存良好，军马铺老街仅上街面貌犹存，整个老街是鄂西北地区少有的保存完好的明清古街道。

历史街道格局

军店老街由军马铺和下店子两条老街组成，两街以显圣殿东侧的蛤蟆井为交界点。军马铺老街位于蛤蟆井西侧及显圣殿前小河对岸，全长450余米，主街道沿军马河呈半弧形。下店子位于蛤蟆井东侧，街道顺应山势呈直线逐步向东延伸，全长800余米。军马铺和下店子的街巷建筑都是沿街道主轴两侧分布，街道呈现出线性形态，巷道较少，主要的巷道在军马铺，下店子老街有联系新街的巷道。其他建筑不规则地分布在街道两侧。

蛤蟆井

修建中的下店子老街

下店子街巷空间

军马铺街巷空间

军马铺街巷空间

古代主家房子，改革后为信用社，现为百姓居住

建筑特色

军店老街保存了明清时期鄂西北传统民居的风貌特征，兼具北方民居的朴实和南方民居的秀美。老街主要是鄂西北山货及四川食盐运输的集散地和交通枢纽，商铺街屋成为主要的民居类型。主要建筑沿街道两边布置，前店后宅，以天井院为中心，依次布置店面、天井院、正屋及两侧厢房。随着人口的增多，其又沿纵向展开，发展为多进院落。街道民居中的天井院多为方形，但由于地形的限制，也会出现长方形的天井院落，其主要目的仍是通风采光、联系前后空间。虽然明末清初时军店老街已是店铺众多，但还是有不少农闲则商、农忙则耕的半农半商居民。军店老街的庭院空间比天井大，是一种半室外空间，可以较长时间接受阳光的照射，用于晾晒农作物。前店后宅式的街屋导致了排门的出现。排门全为木板制成，木板可拆卸，白天营业时全部拆下方便营业，晚上关闭形成封闭的空间。临街的一二层之间以横向木梁分隔，二层阁楼或用固定的木板封闭、或设置可移动的木板、或设木窗，以供二层阁楼通风采光。除民居之外，在军马河出口处的房山脚下还有一处湖北省文物保护单位——显圣殿。

军马铺排门

历史文化价值

传统村落、历史街区是物质文化遗产和非物质文化遗产的综合，是地域文化的经典反映。军店老街是明清时期鄂西北重要的物资商贸集散地和交通枢纽。两条古街很好地记录了这一由特殊交通地理环境造就的古代重镇的兴衰变革，极具历史价值。老街目前保留的风貌格局是鄂西北传统民居建筑和街区的典型代表，极具建筑学研究价值。

随着新修公路的偏移和城镇化的进程，老街上的部分居民已经搬移，老街年久失修，破败不堪，居民自行改建情况严重。军马铺下街由于居民自行改建已经失去了原有的面貌，下店子老街已有部分传统建筑正在做修缮处理。目前急需对老街历史街区进行规划指导，将军马铺老街和下店子老街以显圣殿为中心进行整体性规划，使两条老街的整个风貌能够保全。

下店子老街

已被淹没的田家坝镇（由竹山文体局提供）

竹山城门洞子

竹山城门老街民居

上庸古镇（田家坝古镇）

上庸镇是一个天然的内陆河码头，苦桃河、深河、官渡河和泗河等众多河流汇聚于此，使上庸镇上通陕西、四川，下达武汉、襄樊。明清时期，这里集市密布，商贾云集，鄂西北地区的木材、生漆、盐等土特产经堵河远销江汉湖广，而外界的瓷器、布匹等又通过水运被源源不断地输入进来。独特的地理优势造就了上庸古镇的繁华。抗日战争时期，湖北省政府第八行署在蒲溪沟设立盐运中转站，加上第五战区的军需物资也全靠堵河航运，沿途小商小贩来往频繁，使得上庸镇商铺林立，市场繁荣。2008年修建潘口水电站时，上庸古镇位于水电站主淹没区和主安置区，故现在的上庸古镇是新的移民镇，以前古镇的老建筑仅有黄州会馆和三盛院的一部分被整体搬迁。

水下田家坝遗址

田家坝现状

官渡古镇遗址

秦巴民俗博物馆

官渡古镇全景图（由竹山文体局提供）

官渡古镇

竹山县官渡镇位于鄂西北边陲，因运盐时由官府设立渡口而得名，是入川达渝之咽喉、秦巴文化古驿、堵河水道上的璀璨明珠。官渡古镇民俗风情源远流长，民间文化底蕴深厚，民歌、民间故事、收藏、雕刻、剪纸等文化博大精深。秦巴民俗博物馆位于官渡镇集镇，博物馆占地面积3 000平方米，建筑面积2 000平方米，主体结构为徽派仿古建筑风格，是秦巴地区唯一一家以民俗文化为主题的民办博物馆。其中很大一部分展品与盐道文化有关，展品有"盐背子"的背篓、扁担、打杵，"盐背子"用过的通行证、盐票、收据，古时候盛盐的器具，盐贩子睡过的豪华镀金大床等。2008年修建潘口水电站时，官渡古镇因处于主淹没区而被淹没。

竹溪东门老街

竹溪位于鄂、渝、陕三省（市）交界的秦巴山区，西接陕西省平利、镇坪、旬阳三县，南交巫溪，东邻竹山。竹溪老街有西关老街和东门老街，都建于明成化十二年，即公元1476年。其中西关老街俗称西关，它北靠五峰山，南临竹溪河，房屋沿河而建，街长1 910米，宽5～7米。老街曾经商贾云集、人声鼎沸，是竹溪明清时期最繁华的集市，也是鄂西北百年老街之一。2013年竹溪县旧城改造，有600多年历史的西关老街被拆除。东门老街的古街道目前尚存古城门洞外西侧的一小段，仅剩几座老建筑。目前尚存街道长约350米，宽6米，以钟楼为界，近东门外为东门街，略显狭窄；近十字街处为鼓楼老街，较宽。东门外以前有条河，现也不存，转而成为一池清水，名月弓池。月弓池原为竹溪河河道，1958年当地人在地母庙处劈山将河水改道，把旧河道砌成人工水池，池形如新月，故名月弓池。池中间修一水泥桥，名月弓桥。月弓池旁的古建筑民居仍有保留。1986年贾平凹为他的《腊月正月》电影寻找外景地时找遍了陕西、湖北的古城老街，最后选中了这里。

老街民居

东门老街民居天井

东屏门	小巷子民居
东屏门内侧	小巷子街

黄龙古镇老街（谭刚毅摄）

黄龙古镇

古镇概况

黄龙镇是鄂、豫、陕、渝四省（市）交界处十堰市的西大门，坐落于秦巴山麓、堵河之畔。其沿水路而上近可至十堰竹山、竹溪，远可至陕西、四川等省份；沿水路而下可达襄阳、丹江口以及汉口等地，为明清时期航运业发达的代表城镇之一。川盐济楚时期，川盐正是沿堵河顺流而下进入汉江进而远销襄阳、汉口等地。因具有优越的水运条件，明清时期的黄龙镇商贾云集、商铺林立、街市繁华，被人们誉为"小汉口"，是当时鄂西北地区的商业、文化、航运中心。早在道光年间，黄龙镇的商业已颇具规模，古镇逐渐进入鼎盛期，镇上聚集了富庶的"群绅商首"，并修建了四大会馆，其中以武昌会馆规格、等级最高。至咸丰年间，古镇的街巷结构已基本定型。但此后古镇经历大小水患数十次之多，咸丰、同治年间，堵河发生过两次大规模洪水，将黄龙镇的街道以及房屋严重损毁。此后，人们在原址附近又重新修建了古镇。同治六年（1867年）修建的古镇，选址于堵河与犟河的交汇口，即今日黄龙镇所在地。民国初期，诸多战事都发生在十堰周边，因战事而修建的老白公路使陆路交通取代了古镇长期以来赖以生存的水运，严重影响了古镇的经济发展，黄龙镇由此开始走向衰败。

古镇前的堵河

历史街道格局

黄龙镇全镇由四条街道构成，名为前街、后街、上街以及河街。从街道与古镇空间关系上，分为河街、内街两类。河街顺应堵河河道自西向东布置，成为联系码头与商铺的纽带，承担了全镇重要的商贸活动。内街系统构成了黄龙镇的主要空间，既体现了主次明确的层级结构，又透露出街巷形成过程中的某些控制性因素。黄龙镇的河街街道多是顺应河流的走向布置，所以往往没有固定的形态，临水而生，天然形成，"缘水成街"是其重要特征。因黄龙镇选址于河道拐弯处，河街呈现"弯月状"，环绕于该镇的南侧。由于长期受水患影响，黄龙镇的河街受损较为严重，如今街道布局仍保持原始状态，但所见建筑均建于20世纪80年代后期。内街现有部分基本保存完好，与河街不同，内街主要维系着全镇各片区之间的联系。内街中的前街、后街由中、下码头向纵列山谷地带并向延伸而成，与上街呈"Y"字形相接继而形成全镇的中心区域——"扬岔把"。在整体空间形态以及感受上，前、后街在各方面具有极大的相似性，而上街部分则与它们具有较明显的差别。对于临水且以商贸活动为主的聚落空间来说，码头起到对外、对内的交通中转枢纽作用。从街道层面上来说，码头是街道空间向水域延伸的终点；而从古镇演变层面来讲，码头是使街道形成线状连接的起点。按照类型，码头分为水、旱两类。该镇在历史上曾有数量众多的码头以及临时性的渡口，其中，上、中、下三座固定码头在商品对内、对外流通中一直扮演着重要角色。

建筑特色

建筑是黄龙古镇街巷界面的主要构成元素，其中会馆建筑、店铺建筑以及居住建筑最有代表性。清代，黄龙镇的商业兴旺发展，吸引了一批周边商人及移民，他们在此集资兴建用于聚会活动以及提供食宿服务的公共性建筑——会馆。黄龙镇现存明清时期修建的武昌会馆、黄州会馆、江西会馆以及山陕会馆四处地域性会馆。它们在保障商业行会组织的同时，在一定区域内也兼具部分政府职能。

店铺建筑则是组成街道的基本单元，因此街道空间的特征与店铺的构成有着十分紧密的联系。店铺建筑数量的由少至多"延伸"是街道空间给予人的主要印象。建筑的砖质墙面与木质构件的对比、实墙面与虚空间的对比、木板拼接竖向线条与水平线条的对比等，这些元素在单体建筑中的组合创造出极富韵律与节奏感的街道外观。

64号民居是仅存的一座保存相对完好的民居建筑。它临近武昌会馆东侧，通面阔11.4米，通进深59米，为单路五进天井式。房屋为穿斗式构架，单檐双层；纵轴线上每进院落都略高于前一进，寓意为"步步高升"。建筑外立面仍保存有双柱仿木结构牌楼式门以及砖雕漏窗。良好的地理位置、较大的建筑规模，使得该建筑成为古镇街道空间中的一个亮点。

历史文化价值

黄龙镇在鄂西北乃至陕南地区与漫川关、蜀河有着同等的商贸地位，其古街仍保留有传统的街巷格局与风貌，极富艺术价值与历史研究价值。早在1985—1992年，湖北省、十堰市文物考古专家就曾对黄龙镇进行过实地论证考察，2000年将其列入县级文物保护单位，2004年被湖北省文物局确定为南水北调中线搬迁保护工程，还参与了湖北省省级旅游乡镇的评比。目前国内对于乡土建筑的保护逐步重视，黄龙镇地方政府也加大了对古镇资源的保护、开发，希望以此促进该镇旅游、商业的发展。

黄州会馆、武昌会馆鸟瞰

64号民居——余府

黄州会馆

黄州会馆的墙砖

川鄂古盐道上的建筑

川鄂古盐道上建筑的特点

巴蜀地区由于潮湿多雨，民居多是土、木结构，屋檐一般出挑较大，以防雨水冲刷墙体，因此，屋檐下的挑檐结构成为巴蜀民居中非常重要而且有特色的部分。盐业古镇中的民居，挑檐不仅结构复杂，而且由于受徽式建筑风格的影响，往往雕饰烦琐，成为建筑装饰的重点，这与普通巴蜀民居主要以结构形式展现建筑形体美的古朴做法有很大不同。

巴蜀民居的挑檐结构

檐部由挑枋出挑，挑枋数量按层数计算：单根挑枋出挑为一层，两根挑枋出挑为两层，依此类推。需要出挑几层，关键看出檐深度、挑枋用材大小以及屋面的坡度。按出挑层数分，有以下几类：

单挑出檐

顾名思义，单挑出檐即只由一根挑枋承挑屋檐。这种形式由于结构简单、受力明确，在巴蜀民居中使用非常普遍。单挑做法通常分为硬挑和软挑两种形式。因经济条件、自然环境等的差异，鄂西南与鄂西北地区的单挑出檐存在着一定的区别，鄂西南地区单挑挑枋常常端头较大，具有一定的向上弧度，而鄂西北沿线则为直挑枋。

双挑出檐

即用双层挑枋出挑两步架屋檐，便于挑出更深的屋檐。其中挑两步的称大挑，挑一步的称二挑，出挑方法与单挑出檐相同。但为了坚固和美观，双挑的做法多种多样。

这种出挑形式在土家族民居中相当普遍，当地人叫"板凳挑"，即在出挑大挑的枋下增加一个"夹腰"，夹腰水平出挑，上立短柱，称"吊起"，吊起顶头支檩，承担部分屋檐重量。大挑也穿过吊起，把部分重量通过吊起传给夹腰，再传给檐柱，这样吊起和夹腰共同承担了比二挑还要多的重量，使受力变得更加合理，但构造也更加复杂，吊起底下的吊头被做成各种形状，成为土家族建筑的装饰重点。

硬挑	挑檩 挑枋 檐柱 金柱		出挑的挑枋一般由穿斗构架的穿枋伸出檐柱之外
软挑			挑枋不是由穿枋伸出，而是直接通过檐柱和金柱出挑
双挑（一）	短柱吊起 大挑 二挑（夹腰）		为加大挑檐，挑枋下再增加一层出挑，上立短柱，柱上支檩
双挑（二）	二挑 大挑		也有在挑枋上增加一层二挑，二挑上支檩直接承重，构造更加简单
三挑			为加大出檐，在大挑上增加一根短柱，形成三挑
斜撑（一）			为加大出檐，用斜撑一头插在檐柱上，一头承接挑枋，挑枋上支撑一根短柱
斜撑（二）			斜撑一头插在檐柱上，一头与屋檐相连，直接承受屋檐重量

巴蜀民居的挑檐结构

三挑出檐

即在双挑出檐下加一步挑枋的形式，以挑出更深的屋檐。由于加强了出挑结构强度，即使用材较小屋檐也不会下垂。大昌的三挑出檐多见于新街，都为三挑坐墩，但做法多样。

斜撑

出挑在巴蜀地区还有一种常见的大屋檐出挑形式——斜撑出挑，即由一根斜撑直接插在檐柱上，而不是由短柱落在挑枋上再将力传给檐柱，这种受力结构显得更加明确、简单而且合理，有时屋檐出挑过大，斜撑侧面也会与挑枋连接，以达到加固的目的。

巴蜀地区的盐业古镇大多在清末"川盐济楚"期间形成建设高峰，一方面这时期的建造风格从家具到建筑小木作都崇尚烦琐装饰。另一方面，盐业古镇依靠"盐"这一巨大的经济实体积累了较丰厚的财富，成为周边民众向往之地，例如重庆云阳地区曾流行过的竹枝词："小女小女快长大，长大嫁作云安妇"，"宁要云安一方土，不要别处万亩田"。当地许多盐商都是富甲一方，他们依靠自身巨额财力，建造大量豪宅大院。而此时江南徽商在淮盐市场失势后，开始大举进军四川盐业，他们同时也带来了徽居华丽的建筑风格和建造技术，这与本地盐商富绅想要通过华美建筑彰显财力的需求不谋而合，于是在盐业古镇以及盐道之上，开始出现许多建造华美繁复的建筑。两种建造技术结合，形成了具有徽式建造手法的特殊风格的巴蜀建筑，这其中最具代表性的就是建筑挑檐结构的演变。

巴蜀民居的挑檐由单挑变为双挑、三挑，结构的复杂也自然带来装饰细部的复杂，而且"深檐大挑"形式也是当地较富裕人家或大宅院的建筑做法，成为当地民居的装饰重点。例如有些把挑枋做成大刀状，称作"大刀挑"；有些做成龙头状，称作"龙头挑"。但这些装饰风格总体上还是质朴、简洁的，以反映结构美为主。在自贡和重庆地区有许多盐商的大宅以及盐商会馆将斜撑部分也当作装饰重点，在上面镏金画粉，有些甚至将对细部的美观追求做到极致，将斜撑做成镂空雕饰，使它完全失去了原本的结构作用而成了纯粹的装饰构件。这点倒很像徽派建筑中的雀替，本来也是斜向支撑的结构构件，在繁复装饰风格的演化过程中，逐渐成了大梁下起点睛作用的纯粹装饰元素。

由此可见，那些盐商大宅中将斜撑作为装饰构件的做法明显受徽州、江西建造工艺的影响。不仅如此，盐商会馆中的繁复雕饰风格在巴蜀地区的传统建筑中非常少见，有些会馆建筑上雕刻的故事也明显来自江南地区的民间传说，这都使我们能够看出外地的建造工艺在盐道上传播的痕迹。

天　井

巴蜀地区多山地、少平地，再加上雨雾天多，日照量少，因此天井式民居并不普遍。当然，事情没有绝对，盐业古镇里的居民许多来自南方各省，这从古镇现存的诸多南方祠庙会馆可见一斑，但这些移民来到巴蜀地区是不是就一定会修建自己原居住地风格的住宅呢？实际上，受许多不确定的因素所制约，这个问题很难一概而论。

天井屋这种形式在盐业古镇的分布数量差异极大，一般清中叶之后形成的古镇天井数量较多，如巫县大昌古镇等；而清中叶之前形成的古镇，天井屋只是零星布置，大多建于"川盐济楚"期间，如西沱古镇，穿插在吊脚楼群中的天井式民居，明显是在后期加建或改建的，而且基本都是盐商大户的宅第。天井式民居由于历史发展、人口迁徙以及地域环境的影响，在长久的岁月中，形成了千差万别的外在形式，但本质是相同的，即基本也是由几个原型衍化而成的各种变形。这些原型与变形之间排列组合，派生出更多的种类。目前关于各系民居的大量基础研究表明：天井式民居虽然在各地都有分布，格局形制不同，但基本可以概括成三种类型。

商业型天井式民居

巴蜀地区传统的天井式民居，一般形制简单，仅由四周建筑围合成院落，空间大多一进，当地将这种形式叫"围屋"，院落叫"院坝"或"屋场"。到了清末及民国初年，随着大量商业移民的涌入，特别是清末徽州盐商的大举西进，在长江沿岸码头，开始出现江南古镇式天井院落。特别是在盐运码头，一些盐商为了显示经济实力，将盐业会馆做得尽可能豪华气派。他们参照徽州富商的建筑风格，将层层天井、封火墙等南方大宅的建造手法引入其中，受此影响，许多民居也开始大量建造天井式建筑。例如大昌古镇，就曾有大量天井式民居。就平面组织而言，大昌天井式民居的平面基本呈"口"字形，前面临街的是店面或前厅，中间是天井，后面是堂屋（正厅）；若正房后再加一个后天井，后天井之后也有房间，布局即呈"日"字形，平面一连三进，垂直布列，厢房为衬，中轴线各厅皆为主体。大昌这种"前店后住"的天井式民居是商业移民带来的，这也是巴蜀盐业古镇典型的天井布置形式。

山地型天井式民居

由于天井是院落最重要的构成元素，也是与居民日常生活和交往活动密切相关的空间，居民平时烧水、进餐、休息、娱乐等都在天井。因此，巴蜀地区民居的天井是传统聚居文化中取势、纳气的精神场所与地域文化特色相结合的产物，将天井建筑本身融入自然环境，组成和谐、健康的聚居环境，是古镇院落布局与建设的重要特征。民居天井充分利用自然的景观要素，随山势高低起伏，将建筑与一瀑一石、一草一木融合为一体，"略成小筑，足征大观"，以此尽得自然之美。西沱镇云梯街著名的"春华秋实"院落就是很好的例子。"春华秋实"院落外墙使用木板壁，与山地环境的肌理契合。临街开门，通过过厅和前院的转折，上到一座山院墙隔开的小院，正对的堂屋是整个建筑群的最高位置，从前院望去，背靠岩壁的堂屋庄严肃穆，经穿廊西下，次要的厢房以及厨房、厕所等辅助建筑环绕布置，东北角种有果树。山上的溪流从回廊下穿过院落跌落到较低的台地上，台地上是一座小花园。竹丛中露出一个六角形小亭，称"修竹亭"。小亭贴在一堵封火墙上，右边为2米高的带花窗的砖墙，透过花窗，远处的长江依稀可见。穿过这一小院,过小石门,下陡梯,来到书房。书房临绝壁,向江心,空间豁然开朗。坐在楼前小院边的石凳上远眺长江,粉墙静立,溪水徐徐,重重绿树掩映,好一幅大自然的图画。仅从居民对这种建筑形式的称谓即可看出,院落空间天人沟通,与园林融为一体,与自然互利共生。住户既能得到屋宇的庇护,又能观赏典雅别致的景观,还能享受春华秋实的乐趣,这就是古人对理想住家环境的最佳塑造,对当代建筑的创作理念很有启发。

在古盐道上,这样错落的天井式民居还有很多,如房县军马铺显圣殿老街中的老宅。在巴蜀地区,也有民居有多重天井,建筑依山而建,天井顺山势展开,层层递进。例如前面提到的鄂西利川的大水井古建筑群,它与徽式民居的建筑群平面沿竖向布局不同,它的建筑平面沿等高线横向展开,这一方面减少了山地的土方开挖量,另一方面减小了进深,有利于通风采光,这在潮湿多雨的巴蜀地区是十分重要的。

干湿式天井

巴蜀地区由于潮湿多雨,一旦天井中的雨水排流不畅,天井内很容易阴湿发霉。巴蜀山区的村民为了适应潮湿多雨的气候特征,在建筑上采取了许多简单的生态策略,例如:巴蜀许多地方种植茶叶、烟叶,这些作物在采集收割后,都有一个晾晒过程,为防止作物在晾晒期间被雨水淋湿,许多民居都会在院场中搭建晒棚。另外,在巴蜀地区的大山中,有许多村民赶场的集镇,为便于雨天赶场,街市顶上加盖一层坡屋顶,形成风雨街,当地人也叫"凉亭街"。当南方天井式院落传入巴蜀,自然会有以上诸多"水土不服"的问题,但当地居民根据搭建晒棚和建造凉亭街的经验,对南方天井进行改造,形成了极具巴蜀特色的干湿式天井。湿天井就是没有顶的,雨水可直接进入院子;而干天井上有一个铺明瓦的顶篷,在湘西称"窨子屋"。这样,干湿天井功能分开,湿天井阳光充沛,周边房间以居住为主,是日常的户外活动空间;干天井(天斗)主要起晾晒作用,周边布置厕所、厨房、储藏室等对采光要求不强的房间。此外,还有一种半干半湿天井,也就是顶篷的中心是分开的,既方便采光,又能起到一定的挡雨作用,形成丰富的屋顶式样。

天井组合图

双坡檐的演变

汉水是川盐进入鄂西北及陕西的重要通道，作为长江中上游的重要支流，它既是打通秦岭山脉、连接山陕与两湖平原的重要纽带，也是移民顺汉水支流进入巴蜀的重要通道。古时秦人征服南方，一统天下，其主力便是顺汉水南下的，而之后汉人之所以称"汉"，也与"汉水""汉中"之"汉"同出一处。明清时的山陕商人能够"商通南北"，成为富甲全国的商人集团，很大程度上也是依赖汉水的航运之便。前文多次提到，巴楚之争以及后来的秦灭巴楚，史学界普遍认为是缘于对渝东盐业资源的争夺，而汉水也是这场盐业争夺战的主通道和主战场。至清末川盐济楚时，为了绕开三峡险滩以及避开长江季节性断流期，渝东大宁及云安之盐大量通过陕西的汉中、安康以及鄂西北的竹山、房县运至汉水，再达汉口进入楚地。因此，汉水流入鄂西北地区后，沿途也有许多具有移民特征的古镇。例如位于汉水、长江之间的鄂西北与渝东地区的古盐道上，大量存在着一种双坡檐和封火墙相结合的独特建筑类型，具有非常典型的南方建筑形式与巴蜀地域文化交融的特征。以大宁盐场下游的大昌古镇为例，大昌沿街较大的民居多有二层楼，由于房屋整体较高，屋顶挑檐对底层部分避雨遮阳的效果较差，所以在一、二层之间另挑屋檐或设置腰檐，形成双重挑檐。这一方面可以遮风挡雨，方便檐下摆摊做生意；另一方面也丰富了立面的装饰效果，并且便于二层的储藏空间通风采光。这种形式在普通民居中并不多见，主要集中在大昌老商业街道两侧，而且平面一般采用"前店后居"的布局形式。

离开大昌，翻过神农架大山，在房县县城边上的军马铺显圣殿、老街，我们又能看到这种双坡檐封火墙的建筑形式。从显圣殿的气势和当地民居建造的形制，也可见古街当时的繁华。另外，显圣殿祭拜的是武将关公（也有人认为武则天的儿子李显曾被流放至此，因此祭拜的是李显），关公因重信用、讲义气而被盐道上的商人普遍祭拜，这从侧面反映出这里曾经繁荣的商业状况。从老街现存的沿街民居来看，双坡檐封火墙的建筑形式非常典型，其形成原因应该与大昌古镇相同。无独有偶，从房县顺南河下行到汉水边上的谷城古镇以及浪河古镇，这种双坡檐封火墙的独特民居形式又不断出现。

特别是襄樊的谷城县，位于汉水与南河的交汇口处，至今仍有保存完好的商业古街。它由三神殿巷子、米粮街、五发街、五福街、中码头街、老街、新街和河街等8条街道及200余座古老民居组成，老街仍保留着明清时期的古建筑风格，封火墙、干湿天井、双层坡大屋檐、前店后居式商业建筑格局，无一不显示着这里曾经的商业繁荣。据当地老人讲，古镇过去也曾有众多的宫堂庙馆（可惜现在只剩下一座三神殿），甚至还曾经有专门的"盐街"。

其实，双坡檐形式在徽州及浙江民居中并不少见，徽州民居在屋檐下和门窗上有个小屋檐，叫"短檐"。传说当年宋太祖到徽州，天色突变，大雨将至，为免扰民，便至一瓦房处避雨，可是徽州民居屋檐短小，加上风大雨急，众人被淋成了落汤鸡。雨过天晴，居民开门发现太祖此般模样，以为死罪难逃，跪地不起。太祖却未责怪，道："徽州屋檐为什么造得这么短小呢？你们可在下面再修一个屋檐，以利过往行人避雨。"

襄樊浪河镇老街双坡顶与封火墙相结合

村民听后连称有理，当即请人在门窗上端加修一道檐，此后各家效仿，渐渐地徽州大部分民居都修上了上下两层屋檐。这一传说表明，徽州民居街边房屋本身有屋檐，但离地面太高，为了给往来街道的人们遮风避雨，在原屋檐下又修建一层披檐，而且这一做法至迟在宋代就已产生。再如西塘民居和浙江绍兴柯桥镇民居，这个地区由于河道密布，两岸民居多在临河一面修建一条供住户及路人遮风避雨、歇脚乘凉、交际会谈的水榭式街廊。街廊的屋面与房屋本身的屋面形成重檐效果，这一类重檐屋面平缓宽阔，与汉江流域之做法差异较大。

但这种双坡檐做法在两湖及北方地区都非常少见，为什么会在汉水这一区域频繁出现呢？从巫溪经竹溪、竹山、房县、浪河镇、谷城，再通过汉水入长江，是巫溪大宁盐场以及云阳云安盐场之盐翻越神农架山区进入湖北的重要通道。特别是抗战时期，由于宜昌被日军占领，这条通道变得尤为繁忙，至今在竹山柳林、房县九道还存有完整的古盐道。据清朝光绪年间丁宝桢所著《四川盐法志》记载：川盐行销之楚地，包括湖北宜昌、郧阳、安陆、襄阳、荆州、荆门五府一州，即今鄂西北的竹山、竹溪、郧阳、房县、保康、均县、襄阳、谷城、枣阳、宜城、南漳等地，借助汉水江运之利，这一区域成为川盐、淮盐纷争之地，历来为"川盐销岸中之最繁而难解决者"。川盐所销之楚地向为淮盐之岸，"惟是地处楚北极边，自汉运至此，水陆二千余里。中间宜昌以上悉属险滩，由巴东进山悉属旱道，人夫脚费浩繁，合算成本每斤计得七八分以至一钱不等。而云阳等处盐场每斤不过二分"。淮盐运途遥远，售价较之川盐贵，销售困难，"商人不肯抛弃重货运赴不能行销之地"。

汉水与长江之间的鄂西北以及渝东盐场地区，长期以来既有淮盐商人（主要是徽商）活动，又有川盐商人活动，而在清朝中晚期以后，川盐商人中也有大量徽商，会不会正是这些徽商的参与，将双坡檐这种建造形式带到了巴蜀盐场一带？因此，这一地区川盐古道的商业街道两侧出现了南方风格的封火墙、双坡檐和巴蜀山地风格的大屋檐交融的形式，这也成为这一地区所特有的建筑风格。

我们在考察川滇古盐道时，发现双坡檐封火墙的形式竟然在滇盐产地附近也频繁出现，如大理州剑川沙溪镇、楚雄州禄丰县黑井镇，在这些千里之外的盐业古镇的商业街道上，经常会遇到这种十分典型的建筑形式，它们同样与当地民居的建筑样式相去甚远。特别是黑井镇大盐商武氏家族的老宅，其入口门楼的形式亦与四川自贡西秦会馆（山陕盐商会馆）和开封山陕甘会馆的门楼形式异常相像。这其中除盐这一种特殊的商品纽带外，是否还有其他的共同因素作用？抑或这仅仅是一种巧合？

除了上面提到的大江、大河外，在流经巴蜀地区的江河支流上也分布有许多具有移民特征的古镇，而且越是靠近盐场，古镇的移民特征越明显。如汝溪河上的涂井镇（靠近涂井盐场）、釜溪河上的仙市镇（靠近富荣盐场）、龙潭河上的龙潭镇（靠近郁山盐场）、大宁河上的大昌镇（靠近大宁盐场）。它们虽为小镇，但依靠附近盐场以及与大江相通的水利之便而兴旺发达，与江边的大城镇相比，其建筑"移民化"风格的程度毫不相让。

云南大理剑川沙溪镇

云南楚雄禄丰黑井镇

仙市古镇

　　从以上地区江河分布与沿岸古镇"移民建筑"传播状况的分析可见："移民建筑"的强化程度不仅与当地移民的多寡成正比，也与盐场地的交通便利程度不无关系。盐业古镇之所以有明显的"移民建筑"特征，是由于强大的盐业经济推动力决定了移民迁入的数量，再加上"城镇定位"与"地理特质"等因素共同作用，具有一定的必然性和规律性。

建造技术的传承

　　徽派建筑形式进入巴蜀地区也不是仅靠一次"川盐济楚"一蹴而就的，早在明末清初时就有大批江西移民迁徙至两湖地区，而后又有两湖移民进入四川，史称"江西填两湖，湖广填四川"，这是中国古代移民史上的重大事件。明清"江西填两湖"时，大量徽式建筑风格出现在两湖地区。以湖北为例，鄂东南与江西、湖南交界地区是徽派建筑最集中的地区，其中通山、崇阳、咸宁至武汉，自古便是江西进入湖北的重要移民通道，沿途有天井屋、封火墙的古镇村落也最多，如咸宁的刘家桥、学福堂，通山的宝石寨、大夫第，黄陂的大渔湾等。但过武汉向鄂西方向，徽派建筑形式陡然减少，相对来说，其出现频率较高的村落主要分布在长江、汉水、清江这几条流经巴蜀地区的水运通道上，以及翻越武陵山区和大巴山脉的盐运通道上。巴蜀古盐道形成时间久远，后来的战争路线及移民通道也曾多次借用这些在巴蜀山区形成不易的古盐道。虽然这些通道上的古村落形成时间较早，但我们通过实地考察和资料查对发现，这些古村落中大规模出现封火墙、天井屋等建筑形式的时间却相对较晚，主要集中在清末，特别是嘉庆年以后，而且形制较两湖民居相对简单，一些较华丽的建筑形式大多集中在晚清时期兴盛的盐商会馆中。

清末"川盐济楚"时期有大批商人进入巴蜀地区，这实际上是明清"湖广填四川"的延续，但两者又有明显区别：明清"湖广填四川"以生活移民为主，移民大多为躲避战乱、自然灾害或罪民流放而被迫迁徙，这些移民大多是生活在社会底层的弱势群体，主要来自江西、湖广地区，他们对巴蜀地区的建筑风格有潜移默化的影响，但是改变较缓慢。而清末"川盐济楚"时移民以商人（特别是盐业商人）为主，移民主体除湖广商人外，又增加了徽商（包括江浙、安徽、江西的商人）以及山陕（山西、陕西）等地商人，他们大多携巨款、家丁、工匠以及原住地的文化涌入巴蜀地区，异域文化与巴蜀地域文化冲撞、融合，形成独特的商业移民文化，这一阶段前后延续20余年（太平天国失败后，楚地复食淮盐，川盐经济再度衰败），但对巴蜀地区的影响却丝毫不亚于明清数百年间生活移民所带来的缓慢改变。可以说，明清时的生活移民使人气衰竭的巴蜀地区逐渐复苏，而清末"川盐济楚"时的商业移民才真正刺激了这一地区的经济发展，也使盐道上许多小聚落迅速发展为商业城镇。这一点从川盐古道上众多盐业古镇的共同特点不难看出：它们大多在清末发展成型，大多有封火墙、天井屋，古镇中有"九宫十八庙"或"十宫八庙"等众多商人会馆，而这些特点在巴蜀地区其他古村落中却并不多见。

巴蜀地区除汉族以外，还分布着苗族、侗族、土家族等少数民族，两次大的移民潮使得周边各省移民与其文化相互融合。移民独特的文化在与巴蜀古镇文化的融合过程中，既相互影响，又始终保存着自己的特色。如酉阳的龚滩、石柱的西沱在民居建筑和习俗文化上都受到土家族、苗族的影响很深，民居内部为干栏结构，外部有封火墙左右护挡，下有多层石坎叠砌，有的看不到街面以下的柱网，有的支撑柱变得短矮。这些与古镇历来即有江、浙、皖一带的客商来此开号有关，呈现多民族交融的特性。又如恩施利川的大水井古建筑群，虽是土家族建筑，但由于地处川鄂古盐道的陆运通道上，建筑布局讲究，结构精巧，雕刻细腻，多处表现出典型的徽派风格，特别是柱头，呈现抗战时期典型的"民国假欧式"造型，体现出不同文化因素对地域建筑所产生的不同程度的影响，使巴蜀古镇文化呈现出丰富多彩的一面。

川鄂古盐道上利川大水井古建筑群中的白菜柱头

龚滩

　　长江是进入巴蜀地区的移民主通道，伴随盐业移民运动，各地建筑形式进入巴蜀地区后，经过衍化形成各具特征的地域性模式，在空间分布上有一定的规律可循。就三峡地区来说，长江沿岸的城镇建筑形式相对统一，长江各支流与沿江城镇的南北陆路交通则为盐业移民次通道，随着路途的深入，民居的"移民化"影响也逐步减弱，本土形式增强。另外，影响建筑形式的因素还有"城乡差别"和"地理特质"。

　　例如长江沿线具有移民特质的盐业古镇，除了重庆、汉口、新滩镇，还有处于大宁河（上游有大宁盐场）入长江口上的巫峡镇、汤溪河（上游有云安盐场）入长江口的云阳古镇、汝溪河（上游有涂井盐场）入长江口的西沱古镇、沱江（上游有富荣盐场）入长江口的泸州，都曾是长江边上著名的移民古镇或古城。它们因盐而兴，又利用长江航运的便利条件，成为移民入蜀的主要落脚点，因此这些城镇中的传统民居无一例外都具有典型的移民建筑特征。除了长江，许多流经巴蜀的河流，既是川盐运输的主航道，也是移民入蜀的重要通道。

庙宇

纳水溪关帝庙

纳水溪村的关帝庙位于整条商业主街的中间,是村落的主景之一。关帝庙由本村村民和往来商贾共同出资兴建。作为村落中公共活动的重要场所,其功能是多元化的,村中集会议事、调解纠纷、扶贫救济等众多社会事务都在此处进行。它同时也具有文化娱乐功能,逢年过节常有传统的舞龙耍狮和庙会活动在庙内场院进行。举行重大活动时,村中都要请戏班子登楼唱戏,并持续数日。

纳水溪关帝庙建筑群的朝向与古村落整体的布局朝向保持一致,亦为依山而建,由三进院落构成。关帝庙建筑系全木结构,入口空间与戏楼底层空间相结合,作为整个建筑的山门。整个建筑群落沿中轴对称布局,基址全系青砂条石垒砌,正面为单檐悬山灰瓦顶,木壁墙面。山门外侧门楣处有朝向对面山体的"辟邪木刻",用以镇住对面体形高大的朝山,下部台阶两侧为青石栏板。整个门楼面阔三间,进深一间,戏楼与山门合为一体。人们穿过戏台下层空间进入院落。戏楼为单檐歇山顶,前台向外突出为三面观的形式。戏台下额雕刻着"水漫金山""八仙过海"等民间戏文故事,雕刻精美,线条流畅,形象生动,反映出传统村落中文化娱乐与祠庙建筑的密切关系。大殿、正殿和后殿均为单檐悬山灰瓦顶,木结构穿斗与抬梁混合式屋架,梁柱粗壮,据说用的是二人合抱粗的百年马桑树。殿堂的屋脊飞檐上装饰着龙生九子各个不同的雕像,大殿中精雕细刻、造型别致、工艺精湛的梁托柱础蔚为壮观。大殿殿前有青条石铺砌的数级台阶,整个院内宽敞整洁,中间是用青黑色的龙古石块铺就的地面,明亮气派。

由于历史原因、人为拆除和自然力的侵蚀,纳水溪关帝庙的各组成部分发生了不同程度的损毁,公共活动空间被废弃。这座已有百年历史的关帝庙现仅存前面一进、戏楼、院坝和大殿,后面的二进早已被拆除了。现在只可从大殿中尚存的造型别致、工艺精湛的梁托柱础遥想其当年的壮观。

关帝庙

关帝庙后殿

关帝庙花窗

舍米湖摆手堂

舍米湖摆手堂位于来凤县百福司镇河东乡土家山寨，始建于清顺治八年（1651年），是土家族最古老的舞堂。摆手堂是土家族祭祀祖先和庆祝丰收的集会场所。来凤县现存摆手堂3处，最大最完整的是舍米湖摆手堂。

舍米湖摆手堂位于村南的山坡上，占地500余平方米，呈长方形，周围圈以院墙，系用山石砌筑。大门位于院墙前方正中，略呈牌坊状，两立柱和横楣皆为长柱形条石，在立柱与横楣接榫处，左右各镶半月形石牙一块。大门与神堂之间是一条石铺甬道，位于院落的中线上，道旁夹植高大古柏5株，既增添幽静气氛，又便于跳摆手舞悬挂红灯。神堂的墙壁也是石块砌成，上覆"人"字披的黑瓦，无雕梁画栋和斗拱飞檐，显得简单厚重、朴实无华，与一般佛寺道观全然不同。有神堂3间，供奉土家先祖彭公爵主、向老官人和田好汉塑像。

每年新春佳节，舍米湖寨内热闹非凡，人们披红戴绿，男女老少齐到摆手堂，场内松树上张灯结彩，群众围绕松树跳舞，鸣锣击鼓，通宵达旦。据堂前石碑文字介绍，该堂曾于清同治二年（1863年）进行过第二次修复，仅凭此依据，该堂也是我国现存最早的摆手堂。上千年的古寨，几百年的古堂，使这里成为渝东、湘西、鄂西土家族摆手舞的发祥地，因而被誉为"摆手之乡""神州第一摆手堂"。

摆手堂入口

摆手堂入口

摆手堂庭院

近几年来,来凤县大打土家民俗旅游牌,启动了舍米湖民俗村的建设,目前已完成摆手堂的修复以及通往摆手堂下近千米石板道的铺设,通往舍米湖的公路黑化及寨门建设项目也正在进行。一支专业的摆手舞队伍正由此堂走出,活跃在鄂、湘、渝三省(市)边区。

谷城三神殿

谷城三神殿的始建年代待考，现存建筑为明末清初风格，清朝中晚期和民国时期进行过大修。它坐南朝北，占地面积2 400多平方米。虽所有建筑处于同一平面，但主体建筑的高度自前至后逐步提升，依次为门楼、前殿、中殿、后殿。门楼即戏楼，平面呈"T"字形，五开间双层硬山顶，中间三间升高向后延伸作戏楼。进戏楼沿中轴线穿过一个类似广场的大院，又有一座由前、后小院组成的封闭完整的院落。谷城老街三神殿内的这座戏楼是鄂西北地区保存最完好的戏楼之一。戏楼脊檩上有"道光贰拾叁年岁次癸卯莆月念四月各省回民仝建"及中殿脊檩上有"大清道光贰拾柒年丁未四月初七日卯时各省回民仝建"等题记。

谷城地处南河与汉江交汇处，随着商业活动的兴旺开始迅速发展起来，外地来谷城做生意的人越来越多。出于精神需求，有人开始在这座道教殿堂里供奉自己尊崇的水神、财神和雷神。目前三神殿的神像已被拆除，木楼梯已禁止使用，但三神殿的木结构整体保持完好，这座有几百年历史的三神殿已被改为谷城县博物馆。

军店镇显圣殿

显圣殿位于房县城西15千米军店镇的房山脚下，居于军马铺老街与下店子老街之间。显圣殿由配殿、武圣宫、皇经堂、真武阁四部分组成，其中配殿、武圣宫、皇经堂位于山脚，建于乾隆年间，道光二年（1822年）重修，而山巅真武阁增修于咸丰十年（1860年）。相传东汉时的方士费长房在此显圣为人治病，人们为了纪念这位神医，就集资在房山建宫立殿，显圣殿由此而来。但笔者在调研时发现，显圣殿供奉的已不是费长房，而是关公。关公因忠义诚信而被商界奉为财神。川盐济楚时期，军店商业繁荣，来往的盐商、客商络绎不绝，经济达到鼎盛，在整个川盐古道上随处都可以看到关帝庙，甚至盐神庙中关羽也被当作盐神管仲的配祀。显圣殿中供奉关帝是否与盐业给军店带来商业繁盛有关尚不可知。

显圣殿

显圣殿神龛

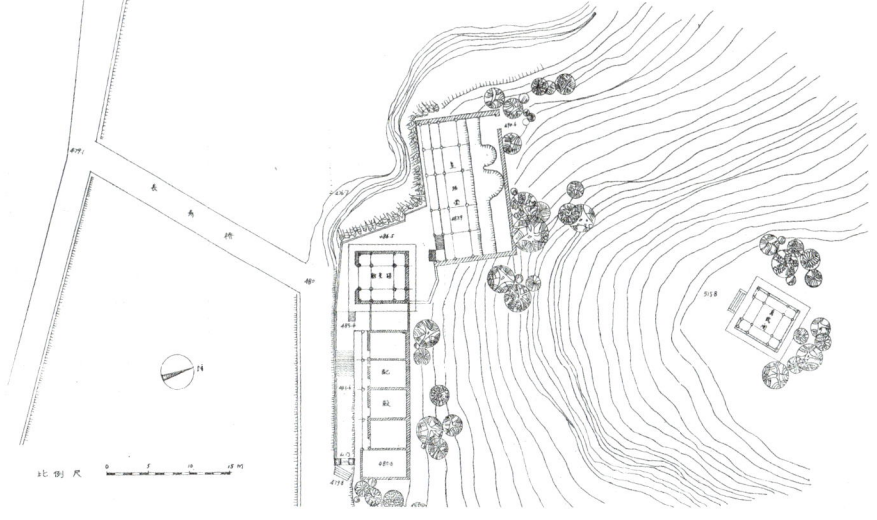

显圣殿平面图

武圣宫　　　　　　　　真武阁

显圣殿依山傍河而建，基址位于河口处的峭壁上，峭壁下是连接下店子老街与军马铺老街的长寿桥。显圣殿山门位于配殿下方，平行于河岸而建。配殿为四开间单廊式双坡顶建筑，廊的末端为封闭式房屋。配殿两端山墙伸出屋面封火山墙，屋脊分别有四只吻兽。武圣宫位于配殿右侧，居于整个建筑群的中心位置。

武圣宫为重檐歇山顶式建筑，内供奉武圣关羽像。平面呈正方形，三开间，明间为大门，宽 2.85 米，次间宽 1.15 米，四周挑檐 1.2 米，内有四根通高的柱子。屋檐部分单挑出挑，屋檐之间采用直窗棂。屋脊立有吻兽。武圣宫西侧为皇经堂，皇经堂依山而建，硬山式正面双重屋顶，面阔五间，三层，木结构，两山墙为清水墙，山墙上蚂蟥钉清晰可见。整个屋面装有六样黑筒瓦，并配有小跑、仙人、垂兽等，保存完好。正立面的双重屋顶采用西南地区摩崖建筑常见做法，但在整个鄂西北地区很少见。

由皇经堂沿山路上行 25 米即到金顶配楼和真武阁。配楼两层，由一层进入真武阁院落，真武阁形制同武圣宫，采用青石雕刻八仙图案台阶贴面，八角青石板铺就地面，配有隔扇门窗。

皇经堂

皇经堂山墙

真武阁山门

  显圣殿古建筑群选址时注重与周围环境协调，讲究山形水脉，聚气藏风，达到了建筑与自然的高度和谐。显圣殿古建筑群与武当山道教建筑群一脉相承，素有"中武当"之称，且保存完整，代表了该地区古建筑的艺术水平。目前显圣殿整个建筑群已被列为湖北省文物保护单位，每年农历三月初三，县政府都会紧扣时代脉搏举办"显圣殿民俗文化艺术节"。此文化艺术节已成为房县军店人民群众文化生活中必不可少的一件盛事和房县军店镇人民对外开展文化交流和宣传的一张名片。

会 馆

阳日湾武昌会馆

阳日湾武昌会馆位于神农架阳日镇南河北岸,道光年间由旧武昌府所辖十县在房县的商旅人士兴建(阳日旧属房县,1970年划归神农架)。会馆正对南河码头而立,坐北朝南,位于整个阳日古镇的中心。原建筑群由大殿带东西耳房、配东西厢房、院墙加门楼组合而成。南北长41米,东西宽39米,占地总面积1599平方米,现仅存大殿部分。大殿建于石板砌筑的台基之上,面阔、进深均为三开间,抬梁式,前出檐廊。明间上五层台阶进入檐廊,穿过大门进入建筑。为增大室内面积,采用了前檐金柱减柱法。屋顶硬山式,小青瓦屋面,沟头瓦封住两沟瓦垄,滴水瓦位于沟头瓦后呈如意状的滴水唇。屋脊梅花泥塑,压顶为葫芦状,垂脊端头有吞口雕塑封口,脊上立三只走兽。三开间均为门窗组合,可以全部打开,明间横梁匾额上书"冬雪春晖"四字,柱础方圆结合,山墙彩绘蝙蝠,象征"福"。大殿建筑面积114.17平方米,右侧为三层楼的配楼。据当地居民介绍,此楼修建于新中国成立初期,用从后山炮楼拆下来的砖建成,建好后作为学校使用。大殿正对面为20世纪60年代修建的供销社。1994年,地方文物管理所根据大殿正梁下方"三间书院合会众首土修建"题字将其更名为三间书院。三间书院是湖北省现今保存最完好的书院建筑之一。2002年,湖北省人民政府将其列为省级文物保护单位。现武昌会馆被作为神农架民间文艺家协会阳日分会会址。

武昌会馆

武昌会馆

武昌会馆

武昌会馆配楼

上庸镇黄州会馆

　　黄州会馆位于竹山田家坝（现上庸镇）北坝老街。这里三河交汇，水路交通发达。会馆建于清乾隆年间，是当时在上庸镇定居或经商的黄州人（黄陂、麻城）投资所建，主要用于黄州人集会、议事、祭祀等。黄州会馆有正殿、偏殿、戏楼等建筑，"文革"期间，戏楼因"破四旧"被拆除，偏殿被改装成仓库和民居，正殿一直保存至今。黄州会馆建成后，楼前戏台上夜夜笙歌，源于黄州地区的各种艺术形式开始在上庸镇流传，并与当地民俗文化相结合，产生了上庸灯会、黄州点子等。过去上庸灯会开始前，必须在黄州会馆举行仪式，黄州点子至今在上庸镇仍有传承。2008年，由于修建潘口水电站，黄州会馆正殿被整体搬迁，现在的黄州会馆正殿复建于上庸新集镇，被作为上庸镇道德文化讲堂。正殿气势高大宏伟，三开间，大小梁柱40多根，梁柱的位置不同，大小也不一样。檐廊为两根方形石柱，殿内为木柱梁，梁上雕刻有祥云图案，梁柱之间置有鲲鹏展翅木雕一对。梁架之上，两位大力神肩扛横梁，呈拾级而上之势。正殿脊上镶八仙过海图案，正中镶麒麟一只。前厅之后是天井，天井正中设一水井。北侧厢房现为上庸镇的农家书屋，南侧厢房内摆放的是上庸居民开展舞狮、滚龙、花船等文化活动所用的道具。房顶两侧是弯弓形的封火墙。

黄州会馆

搬迁前的老黄州会馆

黄龙镇会馆群

十堰市张湾区黄龙古镇的中心在三条内街的交汇处,这里分布着多进院落的武昌会馆、黄州会馆以及天主教堂等较大型公共建筑,临街均设有商铺。这些商铺通过连续设置檐廊或双层檐形成良好的带状商业空间。此外,古镇西北的民居群中还有江西会馆、山陕会馆。

武昌会馆建于嘉庆年间,坐北朝南,砖木结构,硬山顶,前后分进殿、戏楼、石门、拜殿、正殿。进殿檐高3.06米,通高7.85米,通长2.08米,通宽10.08米,为七柱九檩。拜殿为四立柱、九檩。正殿由四个耳房、一个大殿组成,殿前有走廊和两侧耳房相通,大殿分为前殿和后殿。建筑主墙体及围墙用砖均为定制,每块砖都烧有"鄂郡"二字,鄂郡即江夏,是武昌的别称,说明当时会馆的建造者特别重视。据查,郧阳府仅此一处设有武昌会馆,是这黄龙镇上规模最大、最具特色的一座会馆建筑,现为湖北省文物保护单位。目前,前殿和戏楼早已被毁,且遗憾的是原来前殿所在地方今建有一栋六层住宅楼,生生切断了整个建筑群。

黄州会馆是湖北省黄州八县(黄安、黄梅、黄冈、蕲春、浠水、麻城、罗田、广济)同乡商会组织修建的,位于武昌会馆西侧,建于咸丰七年(1857年)。会馆坐北朝南,前殿面阔三间,后殿面阔四间,均为五架抬梁式构架,硬山屋顶,小青瓦覆顶。

江西会馆朝向与众不同,它面向堵河,直接和堵河码头对接。会馆为两进四合院式布局,正立面面阔三间,规模比武昌会馆小。其残存的古砖上仍然可见"江西"二字。

黄龙镇街景

黄龙镇会馆群

祠堂

大水井祠堂

从利川李氏庄园右侧的边门而出，走百余米的田埂路，就来到李氏宗祠。祠堂正面东侧有口小井，周围砌起了高高的围墙，围墙正面刻有"大水井"三字，这也正是大水井地名的来历。宗祠修建于清道光二十六年（1846年）。整个宗祠的建筑风格与南方汉族的祖祠几乎没有差别。宗祠占地6 000平方米，建筑面积3 800平方米，房屋60余间。主体建于清道光年间。墙壁总长约400米，高8米，厚3米，墙梯依山势逐级升高，角梯皆为整块巨石建成，依次布设枪炮孔108个，严密地封锁着所有的通道。宗祠中轴线上排列着的三大殿是教化族人、祭祀祖先，商讨政务、军务、族务的活动中心。大殿右侧的讲礼堂是生杀予夺的"审判厅"，门前有巨石铺就的"过失桥"，中心刻着太极风纹，四周雕有蝙蝠纹，桥上建廊，左右对称，两侧功能不同。过去犯了李氏族法的，跪在此桥上聆听"讲礼"，等待判决，如若从承恩门出去，则意味着死刑，将被押至龙桥河悬崖摔死；判生则从"生门"放归。相传最后一任族长李盖五坚守宗祠，因水源被断，不得不投降讲和，后来才建起了这座坚实的城墙。

大水井祠堂

大水井祠堂白菜柱头

大水井祠堂天井

李氏祠堂

大水井祠堂立面

大水井祠堂梁架

甘氏宗祠

甘氏宗祠位于竹溪县中峰镇甘家岭村,始建于清康熙十三年(1674年),为纪念康熙年间鄂陕地方中左守备甘继芳为国捐躯事迹而建。乾隆十三年至十九年(1748—1754年),扩建其正殿、后殿。光绪十四年至十五年(1888—1889年)扩建其厢房、伙房、围墙、操场、大门楼。

甘氏宗祠为砖木结构,建筑面积约400平方米,由正殿、后殿、厢房、伙房、围墙、大门楼组成,正门东侧有1914年修筑的官厅。主体建筑均面阔五间、21.2米,分别进深6.8米、7.26米。官厅青石门枋雕刻有"燕老燕宾来雍止肃,序贤序齿尊德引年"楹联,墙体由青砖平砌而成,单檐硬山灰瓦顶,穿斗式构架,后堂壁开扇,前有檐廊,屋面用小青瓦铺盖。正殿前檐大门上方镶嵌石制匾"甘宗祠"三字,石门框上部做成混枭形,上置石质平过梁。甘氏宗祠与官厅连为一体,大门两侧置圆形抱鼓石,上有纹饰。地面铺青石板,墙面有少量壁画和彩绘。

甘氏宗祠是鄂西北规模较大的民间宗祠建筑,对研究清代宗祠建筑、清代早期旌表制度和地域宗法制度具有重要的参考价值。其建筑、彩画、泥塑、石雕、砖雕、木雕做工精美、内涵丰富,具有较高的艺术价值。甘氏宗祠现为湖北省文物保护单位。

甘氏宗祠入口

甘氏宗祠的院落（谭刚毅 摄）

敖宗祠立面

敖宗祠

敖宗祠位于蒋家堰黄石头村，是湖北省文物保护单位。现在的敖宗祠是清代建筑，背靠大山，与洞沟河一坝相隔，祠堂前地势开阔。建筑平面为二进一天井，占地300多平方米，整体为砖木结构，四合院式布局。主体建筑敖宗祠与官厅连为一体，门额上书"敖宗祠""孝入"字样。墙体由青砖平砌而成。单檐硬山灰瓦顶，两山穿斗式构架，中部抬梁式构架，后堂壁开扇，前有檐廊。内部结构呈现为前堂后室。堂内立柱为楠木，下部有石柱础，形状各异，雕饰花纹。地面铺青石板。当地敖家后人介绍，敖宗祠建于明代后期。据说，明朝一敖姓人当上黄河道台，回到敖家坝后出资修建了这个祠堂，并续修家谱，故有"黄河道台敖家祠"一说，由此判断祠堂距今已有近400年的历史。如今，已成为省级文物保护单位的敖宗祠大门紧闭，雕梁画栋早已斑驳，外墙墙体多有剥落。透过蒙着厚厚灰尘的石窗，祠堂里的陈设一览无余。四合院的天井早被砖石土块掩埋，院内杂草丛生，后院的房屋已坍塌，房梁倒在土堆上。当地敖氏后人已开始筹措资金修复祠堂。

敖宗祠

敖宗祠山墙

敖宗祠门楼墀头

敖宗祠屋顶吞脊兽

庄 园

三盛院

三盛院坐落于湖北省竹山县上庸镇，始建于清嘉庆年间，庄园背山面水而建，坐北朝南，占地100余亩，建筑结构为同式三幢并列，一进八重四十八个天井。数百间青砖青瓦的房屋，组合成一个硕大无朋的双笔画"王"字，把两河口的大平坝填充得满满当当。三盛院建筑群是由原籍麻城八角庙三盛湾的王应魁移民竹山并在此发家后修建的，其"三盛"之名有原籍地名之因，更是取"人盛、地盛、财盛"之意。该庄园规模庞大，现由于建设堵河水电站，已部分搬迁至新集镇。

三盛院的四组院落均为原三盛建筑群的一部分，各建筑之间紧密联系、相辅相成，形成一个较为完整的建筑群，也秉承了这一区域的历史文脉。院落之一"紫气东来"，建筑大部分被毁，仅余写有"紫气东来"牌匾的门楼一座。院落之二"珠树联辉"，由主体和附属建筑组成，主体建筑正门额嵌有"珠树联辉"石匾。建筑平面呈规则长方形布局，面阔三间，通面阔13米，为五进四院天井式阁楼建筑，占地面积约718平方米，南侧有"山月林风"门楼，设高8米、厚0.5米的如意山墙。院落之三"八字门"，正门设有八字墙，四个堰头装饰精美，其平面呈规则长方形布局，建筑面积526.7平方米，为三进院落式布局，依次分布着前厅，一进天井和厢房、中堂，二进天井和厢房、后堂。院落之四"横向入口"，其平面呈规则长方形布局，建筑面积906平方米。该建筑面阔五间，东侧巷道一间，通面两层，三进三重两组四合院，前厅、中堂、后堂均设有廊。整个院落为封闭的两个四合院。前厅正面设门视为后檐，而后檐设门视为前檐，生活起居由侧门出入，较为特别。据考证，三盛院建筑群有四十八个天井，规模在鄂西北首屈一指，但是由于人为破坏和修建水坝，三盛院早已不复当年的盛况。

三盛院鸟瞰

三盛院"紫气东来"门楼

2007年底，潘口水电站开工建设，竹山县筹资1 700多万元复建三盛大院，并依照修旧如旧的原则，按照原貌一比一的比例复建了其中一座天井院，其面积达1 000余平方米。院落分三进两院，上下两层，皆以古砖为墙，青瓦为顶，配以红门红柱，古朴而精致，庄重之余亦不失灵动。该院以青石花雕为门楼，门前陈置石雕青狮白象，四檐雕虎画凤，栩栩如生，门窗雕刻戏剧人物、山水花鸟。三盛院现作为上庸镇游客中心，内部陈设桌椅、奇石、绿植、石狮、石象等，供来往游客参观、休憩、品茶。百年老宅既浓缩着上庸文化的精华，又集中展示了三盛家族富豪宅第的精彩故事，还陈列有代表上庸文化的文物、雕刻、书画、民俗作品和民间工艺品，为发展旅游产业注入了深厚的文化底蕴。

三盛院、黄州会馆是竹山堵河流域文化发展的实物，是研究原田家坝镇及堵河流域历史变迁的重要实物依据，有很高的研究价值。其房屋建筑融合了地方建筑形式与鄂东南建筑的风格，具有极高的建筑艺术水准，是研究该地区政治、经济、商业、文化交流的有效载体。

饶氏庄园

饶氏庄园坐落于丹江口市浪河镇黄龙村，建于清末民初，占地1 180平方米，房屋40余间，分南北两院，分偏正布局。北院为正院，主体建筑均带檐廊，为规整的两层建筑。南院为偏院，主要供下人居住，建筑形式简单，装饰简朴，呈不对称偏心三合院布局，天井院较大。正院沿中轴对称布局，依次由大门、前院、正门、中厅、后院、正房及南北厢房组成，除中厅两层通高外，其余建筑均为两层。该庄园最显著的特征就是前院的南侧有一座四层砖砌带廊的碉楼，能够很好地对庄园进行防御。该碉楼从第二层至顶层均有瞭望孔与射击孔，顶层有四层外挑的木制廊道，结合四角攒尖顶和木制栏杆、雕刻斜撑，比例十分协调。整个庄园出于防御性考虑还采用了高大的马头墙装饰。

饶氏庄园远景

饶氏庄园碉楼

另外，庄园的门楼也具有鲜明特点。该门楼自成一体，与两侧高大的院墙紧密结合。两层门楼的设计强化了庄园入口的防御性，而多重雕刻、绘画及造型的安排则强化了门楼的装饰性。庄园内除了碉楼外均为硬山灰瓦顶，中厅为大木构架，余为抬梁式构架。整座建筑雕梁画栋，砖雕、石雕、木雕在建筑物的柱础、抱鼓、门槛、檐枋、挑头等部位都有应用。挑头采取线刻、浮雕手法雕刻有"十八学士登瀛洲"，檐枋、楼板边枋采用透雕、线刻手法雕有"三官寿星图""三岔口故事""刘海砍樵""赴京赶考""福禄寿图"等，其他部位刻有龙凤、麒麟、动植物、八宝、太极等图案。雕刻纹饰有云纹、龙纹、汉纹、缠枝纹、雷纹等，集中展现了清代的传统雕刻手法。

饶氏庄园门楼鸟瞰

饶氏庄园门楼墀头局部

高家花屋

高家花屋屹立在竹山县竹坪乡解家沟村的白马山上,建于清末,当时屋主人叫高方,原籍武昌。据说高家花屋从1810年建到1840年,历时30年。高家花屋坐北朝南,依山就势,自南向北分为两院三台地,逐步升高。前后院落差高达2.7米,前院设计成两层楼,其二层与后院巧妙地利用高差连成一个整体,西侧为主要院落,东侧为附属院落。

高家花屋门前石鼓

高家花屋正门门楼

高家花屋外观

高家花屋前院

高家花屋吞口

高家花屋前院台阶

高家花屋南立面明间设八字雕花大门，门高约12米，门匾上有"庆衍共城"四个大字，庄重饱满而有力度。门楼两侧墙壁上的石雕非常精致，两侧的门柱上各有一只张牙舞爪的动物，民间称之为"吞口"。门前设十三级青石台阶，沿着青石台阶而上，跨过门楼就是门厅，门厅与前院下屋合设为一体，面阔七间。与一般民间豪宅不同的是，高家花屋前庭二楼还有一个大戏台，前院天井中设十七级台阶与后院和二层回廊相连，是看戏时很好的看台。前后院之间是中厅，中厅、前院两层东西厢房和前院下屋围成环状回廊。中厅面阔五间，进深三间，为前后檐廊式。后院为内院，有带阁楼的两层正房和东西厢房，正屋面阔五间，进深两间，设檐廊，正面有圆形、方形木制雕花漏窗，上有十分精美的木雕。

川鄂古盐道上的非物质文化遗产

　　非物质文化遗产是各种以非物质形态存在的与群众生活密切相关、世代相承的传统文化表现形式，它是一个民族个性、审美习惯的"活"的显现。它强调的是以人为核心的技艺、经验、精神，它依托于人本身而存在，以声音、形象和技艺为表现手段，并以身口相传作为文化链而得以延续。在川鄂古盐道上，盐文化深深地影响了川、渝、陕、鄂地区文化的发展，对这一地区的巴文化、巫文化、三峡文化及民族多元化的形成起到了积极的推动作用。川鄂古盐道上的盐业工人，在制盐、运盐、销盐的劳作过程中创造了各式各样的以盐为核心的非物质文化遗产。

偏离现代公路的老街

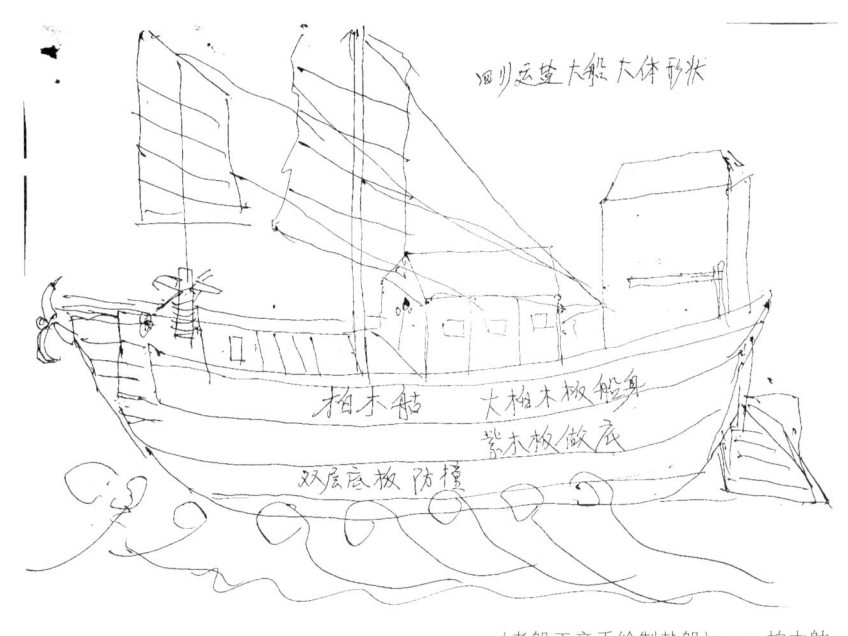

(老船工亲手绘制盐船）——柏木舡

造船技艺

川盐济楚期间最重要的运输通道就是长江，由于长江在宜昌三峡段水流较湍急，经常会出现碰撞沉船的现象，而盐又是极易溶于水的物资，所以在川盐济楚时出现了独特的造船技艺。根据湖北监利县运盐老船工瞿宏志介绍，当时的四川运盐大船被称作"柏木舡"。船舱位于船正中，是船工起居及储存盐的地方，船尾为操作船行进的舵房。船身大部分由大柏木制成，仅船底板用双层紫木板制成。船在行进的过程中，双层底板有助于防止船被撞击进水而溶解盐。即使这样，在水流湍急的江水中盐船仍然碰撞受损严重，行驶到湖北大多破损不堪，故部分运盐的船工到了湖北后连盐带船一起出售，自己沿陆路回川。

盐背子饭

古盐道上的背盐人被称为"盐背子"或"盐脚子"。他们一群人背着背篓，日复一日、年复一年地沿路穿行。他们将四川大宁盐场等地的盐运往湖北地区，或自己食用，或做盐买卖。背盐工的生活很艰苦，他们出门时要带足沿途的食粮，在驿站或者有人家的地方找个锅搭火，用一碗水加一碗玉米面就能焖出简单而可口的食物，盐背子饭就是这样应运而生的。

在湖北竹溪与陕西镇坪、重庆巫溪交界地带，有一种过去盐工吃的特殊干粮叫盐背子饭。为了在路途上能存放更长时间，还要能充饥止渴，人们变着花样用玉米面发明了四五种盐背子饭。虽然盐背子饭没油没盐，但吃起来不噎不腻，清香爽口，没有一点粗糙感，成为背盐人理想的食品。盐背子饭不仅做法有讲究，而且对食材也有很高的要求，主要体现在玉米面的制作工艺上。在古盐道周边居住的农家至今还完整地保留着石磨，它就是用来制作玉米面的一个简单工具。玉米粒在磨面之前必须用水浸润2小时，然后在石磨中磨瓣去皮，再用筛子把玉米糁筛出来，最后研磨出精细的玉米面。

现代生产线加工的玉米面为什么不好吃呢？因为它是无法去皮的，所以口感极差。传统石磨制作的玉米面吃起来都很细腻。

如今，盐背子饭已经成了现代餐桌上的一道美食，在竹溪县丰溪镇的小餐馆、住家户都能吃到这种特殊的美食。

盐工号子

千百年来，盐工在制盐运盐的艰辛劳作中，传唱着粗犷高亢的盐工号子，形成了制盐运盐劳动中的独特风景。盐工号子是直接伴随体力劳动并和劳动节奏密切配合的民歌。它产生于体力劳动过程中，直接为生产劳动服务，真实地反映了劳动状况和劳动者的精神面貌。其音乐形象粗犷豪迈、坚实有力，是某些体力劳动不可缺少的有机部分。今天，公路已经贯通各地，盐的生产方式也发生了翻天覆地的变化，盐工号子在完成它的历史使命之后，正在逐渐成为千古绝唱。拯救盐工号子，推广并传承这一民间艺术形式已迫在眉睫。本书从严永西主编的《神农架民间故事》中选取了一段具有代表性的《背盐歌》来展示盐工生活的艰辛。

大宁厂，开盐行，累坏了湖北小儿郎。

大昌街，开黑店，油渣子被窝钻心寒。

杨溪河，到马堰，川垭子就在大路边。

有钱的哥哥吃顿饭，无钱的哥哥吃袋烟。

八树坪的苞谷好卖钱，杀得老子好过年。

阴凉树、蝌蚂井，路过三墩子继续行。

太平山、自生桥，黑水河旁来艄弯。

娘娘坟、水井湾，苞谷荞麦当的饭。

铜洞沟、黄柏阡，放马场有个孙玉山。

漆树垭、下碑湾，碑湾有个李子端。

青树包，我直接走，一直走到鸡鸣口。

天晴之日心欢喜，天雨之时有些愁。

有钱的哥哥拉一把，无钱的哥哥对岸吼。

水田坪还不要紧，薛家坪有葵花井。

九道梁下无心坐，接着又上蓴阳坡。

七十二道河难过，接着又下上当河。

上当河有扯跨庙，薛蛟薛葵取得宝。

狮子崖、门古坡，来到城里坐一坐。

脚板皮走掉了好几层，我再生不到房县城。

参考文献

[1] 赵逵. 川盐古道——文化线路视野中的聚落与建筑. 南京：东南大学出版社，2008.

[2] 赵逵. 历史尘埃下的川盐古道. 上海：东方出版中心，2016.

[3] 詹洁. 明清"湖广填四川"移民通道上的湖广会馆建筑研究. 武汉：华中科技大学，2013.

[4] 李景林. 从《三省边防备览》一书看十八世纪至十九世纪二十年代陕、川、鄂三省交界地区社会关系的一些特点. 史学集刊，1956（1）.

[5] 王肇磊，贺新枝. 鄂西北私盐运道概略. 盐业史研究，2008（1）.

[6] 明安生. 秦巴古盐道. 武汉：长江出版社，2008.

[7] 秦小兵. 浅谈川鄂古盐道（神农架段）历史文化. 自贡市盐业历史博物馆：川盐文化圈研究——川盐古道与区域发展学术研讨会论文集，北京：文物出版社，2016.

[8] 黄道华. 清代盐运遗迹——虎牙山纤道. 盐业史研究，1989（2）.

[9] 陈倩. 清代四川食盐运销制度变革与私盐关系论. 贵州社会科学，2014（2）.

[10] 李俊甲. 太平天国时期川盐在湖南湖北市场的进出与银流通. 盐业史研究，2006（1）.

[11] 王果. 移民入川与四川井盐的开发. 盐业史研究，1991（2）.

[12] 胡洵. 湖北十堰地区传统聚落与民居研究——以明清湖北移民为例. 重庆：重庆大学，2012.

[13] 李晓峰，谭刚毅. 两湖民居. 北京：中国建筑工业出版社，2009.

[14] 桂薇琳，刘天竹，葛亮. 国家历史文化名城研究中心历史街区调研——湖北谷城老街历史街区. 城市规划，2012（6）.

[15] 龙琳. 黄龙镇街道空间形态及演变研究. 武汉：华中科技大学，2010.

[16] 蔡唯为. 湖北竹山县"三盛院"庄园的保护和复原研究. 武汉：华中科技大学，2010.

[17] 陈德军. 竹山有座高家花屋. 今日湖北，2002（7）.

[18] 竹山县地方志编纂委员会. 竹山县志. 北京：方志出版社，2002.

[19] 房县地方志编纂委员会. 房县志. 北京：中国文史出版社，1991.

[20] 郧县地方志编纂委员会. 郧县志. 武汉：湖北人民出版社，2001.

[21] 郧西地方志编纂委员会. 郧西县志. 武汉：武汉测绘科技大学出版社，1995.

后记

湖广地区是由古云梦泽流域和洞庭湖流域组成的巨大盆地，四周山峦环抱，西部的武陵山脉和大巴山脉形成巨大屏障，阻断了蜀地与湖广地区人员的交往。湖广少盐，东部依靠淮盐，西部依靠川盐。川盐运输，除了依靠长江水运，更多地要通过翻越巴蜀大山的陆运完成。十多年前，我们在鄂西大山做田野调研时惊奇地发现，这里上年纪的老人，几乎都有到四川、重庆背盐的经历。更惊奇的是，由于盐易于保存、运输，又是生命必需品，所以直至20世纪40年代末，盐在大山中还被当作商品交换的中介物，有着近似货币的功能，特别是在朝代更迭的战争年代，官方钱币并不好用，而盐却成了民间普遍认可的"硬通货"。

盐是生命不可或缺之物，在巴蜀大山中遍布着因运盐而形成的纵横交错的通道，其存续时间达千余年之久。这些古盐道从某种意义上看，已逐渐成为川鄂之间的生命之路、文化交流之路。川鄂古盐道既是一条商贸线路，也是一条功能性的交通线路和移民通道，蕴含着丰富的历史文化信息。我们的研究团队走遍鄂西、渝东、陕南等各地，收集大量一手资料，将成果集结成此书，以精美的图片、简明的语言，试图拂去层层历史尘埃，向读者展现川鄂古盐道曾经的辉煌，并对川鄂古盐道上建筑与聚落的演化进程从全新的角度进行展示，涉及文化人类学、城市社会学、城市生态学、城市设计理论及建筑遗产保护等众多领域。

将"川鄂古盐道"作为研究对象具有特殊意义，它是一个难得的跨文化样本群，能从文化交流和技术传承上提供很多新的视角。笔者作为建筑学者，即从建筑学的视角来进行说明。在研究川鄂古盐道上的建筑与聚落时，不能只从建筑技术、类型、样式等方面孤立地进行研究，而应该将这些建筑与聚落置于商贸通道带来的生产生活方式及民族文化交融的"动态"影响中来研究。不仅要研究这条"文化线路"上建筑与聚落形态的整体性和共同点，更要揭示它们与湖北、重庆、四川等地建筑与聚落形态的区别。另外，同在湖北，鄂西销售川盐，鄂东销售淮盐，不同盐销区又有着不同的建筑形式与文化，这是由交通因素决定的，而盐是这一深层原因的外在体现，盐的运输通道其实也是文化渗透通道，盐的运销能力其实也是文化渗透能力的体现。这种"盐文化"渗透现象，我们将在后续出版的《湖北古盐道》《中国古盐道》中作进一步的阐述和研究。

古盐道研究是一个涉及社会科学和自然科学的巨大命题，关于其文化层面和非物质层面的深入研究还有待进一步展开，我们还有漫长而艰巨的路要走。

赵逵

2017年9月于"一庐"